Wolfgang Ullrich

Wahre Meisterwerte

Stilkritik einer neuen Bekenntniskultur

Verlag Klaus Wagenbach Berlin

für A (sine qua non)

Wenn Menschen von Werten sprechen, läuft es ihnen oft wohlig den Rücken hinunter. Sie genießen es, das ›W‹ ebenso weich wie nachdrücklich zu formen, und ziemlich stolz ziehen sie das erste ›e‹ lang und betonen es eigens.[1] Manchmal geht dem ein Adjektiv oder Pronomen voraus, bevorzugt ›unsere‹. Das verleiht der Rede zudem einen beschwörenden Charakter: als bedürften »unsere Werte« erst noch einer Beglaubigung. Wird vielleicht sogar umso mehr Pathos in die Worte gelegt, je weniger man sagen könnte, was mit ihnen gemeint ist? Aber will man das überhaupt wissen?

Mir bereitet es Unbehagen, wie über Werte gesprochen wird. Es gibt kein Schlüsselerlebnis dafür, aber seit mir einmal aufgefallen ist, dass sich viele Menschen unterschiedlicher Milieus oft und nachdrücklich auf Werte berufen, kann ich nicht mehr weghören. Ich fing an, genauer darauf zu achten, wann von Werten die Rede ist. Und es passiert selbst in Drogeriemärkten. Wenn ich dort Produktpaletten und neue Artikel daraufhin ansehe, was sie über den Zustand der Gesellschaft verraten, stoße ich immer wieder darauf, dass schon auf den Verpackungen, erst recht aber auf den Beipackzetteln vieler Produkte eigens die Haltung beschrieben wird, aus der heraus sie hergestellt wurden. Sogar bei Cremes oder Eye-Linern ist ganz selbstverständlich von Werten die Rede: »Natürlichkeit, Wirksamkeit und Verträglichkeit« *(Annemarie Börlind)*, »Integrität, Respekt, Mut und Transparenz« *(L'Oréal)* oder »Ökologie, Regionalität und Menschlichkeit« *(Speick)*.

Wie Unternehmen sich mit Werten brüsten

Hier wird jeweils der Eindruck erweckt, am Anfang eines Unternehmens oder eines Produktionsprozesses stehe ein Bekenntnis zu Werten. Darauf baut sich meist eine ganze Geschichte auf. Wer erst einmal bestimmte Werte gewählt hat, so die Geschichte, müsse überlegen, mit welchen Produkten und Produkteigenschaften diese sich am besten umsetzen ließen. Die Produkte erscheinen somit gleichermaßen als Medium und als Erfüllung der Werte: Ohne sie blieben diese abstrakt-imaginär, durch sie können hingegen auch andere Menschen davon überzeugt werden und sich zu denselben Werten bekennen. Wenn sie die Produkte kaufen, überdenken und verändern sie vielleicht sogar ihr Handeln. Zumindest aber bekommen sie das Gefühl vermittelt, sich als Konsumenten moralisch gut – eben im Einklang mit Werten – zu verhalten. Und am Ende der Geschichte lobt man sie fast immer eigens dafür, dass sie sich für eine »Pflege mit gutem Gewissen« entschieden haben.[2]

Diese auf Beipackzetteln, aber erst recht auf Unternehmenswebsites und anderen Kanälen der Kundenkommunikation entfaltete Logik macht mich mehrfach misstrauisch. Zumindest vier Momente kann ich identifizieren, die mir entweder in ihrer Fundierung fragwürdig oder in ihren Folgen unreflektiert zu sein scheinen.

Aber ist es nicht etwas übertrieben, mit analytischem Ehrgeiz, gar mit akademischer Strenge an Aussagen auf Produktverpackungen heranzutreten? Sollte man nicht lieber die Äußerungen von Fachleuten verschiedener Disziplinen ernst nehmen, wenn man sich für die Rolle von Werten in der heutigen Gesellschaft interessiert?

Da ich auf die offensichtlich überragende Rolle von Werten aber nicht durch Fachliteratur, sondern in ganz alltäglichen Situationen aufmerksam wurde, will ich diese doch etwas genauer betrachten und zuerst einmal jene vier Momente – oder Schwierigkeiten – zu formulieren versuchen.

Vier Schwierigkeiten beim Sprechen über Werte

Die erste Schwierigkeit besteht darin, dass die Werte, sofern sie als Voraussetzung eines Handelns (und Produzierens) dargestellt werden, den Charakter eigenständiger Kräfte oder Substanzen zugesprochen bekommen. Statt in ›Natürlichkeit‹, ›Integrität‹ und ›Menschlichkeit‹ einfach nur Begriffe zu sehen, in denen Prioritäten von Menschen (oder Unternehmen) in substantivierter Form gefasst werden, weckt man das Bild, jeder Wert sei eine klar abgegrenzte Entität und als solche ein Treiber, ohne den Menschen nicht sinnvoll handeln könnten. Damit landet man bei einem klassischen philosophischen Problem. So analysierte Friedrich Nietzsche die in der Sprache angelegte »Unart«, eine »abkürzende Formel als Wesen zu nehmen« und zur »Ursache« von etwas zu erklären.[3] Wie man also aus dem Blitzen das Subjekt ›Blitz‹ macht, der dann wiederum zur Ursache des Blitzens erhoben wird, destilliert man etwa aus der Auflistung von Inhaltsstoffen den Wert ›Transparenz‹, tut dann jedoch so, als sei dieser Wert die Ursache für jene Auflistung. Mit derselben Logik kann ein Hersteller schließlich behaupten, seine »Werte stecken dem Konzern in den Genen«.[4]

Zugleich aber wird suggeriert – für mich der zweite unsichere Punkt –, die Werte würden durch ein ihnen entsprechendes Handeln an Realitätsgehalt zulegen; sie entwickelten damit erst ihr Potenzial. Unklar bleibt dabei, ob Werten durch das Handeln nur zu mehr Geltung verholfen wird oder ob sogar ihre Existenz davon abhängt. In jedem Fall aber schleicht sich die Vorstellung ein, dass ein Handeln, das Werten folgt, eine im weitesten Sinne verkörpernde, expressive, kreative

Leistung sei und den zugrundeliegenden Wert ausdrückt, interpretiert, zu Gestalt bringt, überhaupt erst wirksam werden lässt. Diesem Bild folgend, erscheint jedes bewusst wertebasierte Handeln als eine Art von Werk und damit zugleich als etwas, worauf man selbstbewusst, gar stolz verweisen kann. Der Handelnde darf sich als Urheber, zumindest als Hebamme verstehen – im Unterschied zu jemandem, der nicht auf der Grundlage von etwas handelt, das erst noch verkörpert werden muss.

Das Nach-Werten-Handeln bereitet aber nicht nur Werkstolz, sondern vermittelt darüber hinaus das Gefühl, etwas Gutes zu tun. So ist man gleich doppelt konstruktiv: kreativ *und* moralisch. Dabei scheint es keine entscheidende Rolle zu spielen, auf welche Werte man sich beruft und auf welche Weise man dies tut. In ihrem Streben nach Alleinstellungsmerkmalen entwickeln gerade Unternehmen oft den Ehrgeiz, Werte – oder zumindest Wertkombinationen – für sich zu finden, die noch kein anderes Unternehmen beansprucht. Diversifizierung und Originalität sind dann wichtiger als die Suche nach gemeinsamen und damit verbindlicheren Werten. Dass es Werte sind, wozu man sich bekennt, genügt für ein gutes Image, und selbst wenn sie nicht genuin moralisch sind, erzeugen sie eine Aura von Verantwortungsbewusstsein. Da sich zudem selbst die fanatischsten und sozial unverträglichsten Menschen und die aggressivsten Unternehmen zu Werten bekennen können, liegt hier eine weitere – die dritte – Schwierigkeit: Es ist wohlfeil, als moralisch zu gelten.

Dass aus dem doppelt konstruktiven Handeln umstandslos das Recht auf ein gutes Gewissen abgeleitet wird, führt zu einem vierten Problem. So entsteht der Eindruck, das gute Gewissen sei das eigentliche Ziel des Handelns wie auch des Konsumierens ›wertorientierter‹ Produkte. Das aber heißt, dass Handeln und

Konsumieren auch nur Mittel zum Zweck wären, um sich als untadelig und anderen gegenüber sogar überlegen fühlen zu können. Letztlich, so der Verdacht, geht es eher um individuelle Absolution als darum, verantwortungsvoll, mit sensiblem Blick für möglichst viele Zusammenhänge und die an ihnen beteiligten Menschen zu agieren.

Werte fungieren als Werkzeuge zur Selbstbewusstseinssteigerung

Wer sich zu Werten bekennt, kann das eigene Selbstbewusstsein – so eine erste Bilanz – in mehreren Dimensionen steigern. Und soviel es bringt, sich auf Werte zu berufen, so wenig verlangt es umgekehrt. Das Kosten-Nutzen-Verhältnis scheint vielmehr sensationell gut zu sein. Der Wertemensch ist stark: geradezu unangreifbar.

Gewiss liegt ein solcher Plot im Fall von Konsumprodukten auch nahe: Marketing hat die Aufgabe, zu schmeicheln und gute Gefühle zu bereiten, muss also mit Lob und Eigenlob üppig umgehen. Nachdem ich jedoch das Muster dieses Plots erst einmal kapiert hatte, stieß ich allenthalben – und fernab von Werbetexten – auf Varianten davon: in der Politik oder bei Ernährungsthemen, in der Fitness-Welt oder bei Aktionskunst, in der Architekturtheorie oder bei YouTubern. Zwar sind nicht immer sämtliche Elemente – und somit nicht in jedem Fall alle vier problematischen Suggestionen – virulent, doch trifft man umgekehrt auch fast nie auf andere Denkfiguren. Sobald von Werten die Rede ist, liegen Gerüche von guten Gefühlen in der Luft. Und um diese ziemlich schwüle Atmosphäre zu durchdringen, gilt es, jene vier kritischen Momente des Werte-Plots, vor allem aber die gesellschaftlichen Konsequenzen der Karriere der Werte noch genauer zu betrachten.

Als im Sommer 2015 die Debatten um die vielen in Deutschland eintreffenden Migranten hitziger wurden und man über Obergrenzen, Integrationsprogramme und gesellschaftliche Folgen zu streiten begann, erhoben etliche Politiker die Forderung, es müsse sich zu den westlichen Werten bekennen, wer um Asyl bitte oder gar dauerhaft hier leben wolle. Zugleich brachten sie einen »Grundwertekatalog« ins Spiel, auf den jeder Migrant im Zuge einer mit dem Staat zu schließenden »Integrationsvereinbarung« »verpflichtet« werden solle.[5] Je nach politischer Orientierung sah die Liste der Werte, die als verbindlich für alle gelten sollen, etwas anders aus. Neben Gewaltenteilung, Religionsfreiheit, Diskriminierungsverboten oder Gleichberechtigung der Geschlechter wollten manche in den Katalog auch die Gleichstellung Homosexueller oder einen libertären Lebensstil – mit dem Recht auf freizügige Kleidung und Alkohol – aufnehmen. Ein fröhliches Wertesammeln setzte ein, verbunden mit dem beruhigenden Glauben, die größten Integrationshürden seien eigentlich schon überwunden, sobald die Flüchtlinge eine Werte-Liste unterschrieben hätten. Dann seien sie gleichsam auf das richtige Gleis gesetzt und die Werte, zu denen sie sich bekennen, könnten zu wirken beginnen.

Wer Ordnung will, sammelt Werte auf Listen

Wiederum wurde also die Vorstellung propagiert, ein Bekenntnis zu Werten sei Grundlage jedes vernünftigen Handelns. Niemand hat dabei genauer nachgefragt, welchen Status Werte haben und ob sie wirklich dem Handeln vorgelagert sein müssen und dessen Essenz ausmachen. Auch sonst regte sich kaum Widerstand gegen die Forderung von Wertekatalogen. Das stand in aufschlussreichem Kontrast zu einer Diskussion, die der CDU-Politiker Friedrich Merz rund fünfzehn Jahre zuvor – im Jahr 2000 – angestoßen hatte. Als er, ebenfalls mit Blick auf hohe Migrantenzahlen, die »deutsche Leitkultur« zum verpflichtenden Maßstab für alle Integrationsbemühungen erklären wollte, erhoben sich viele Gegenstimmen. Man erkannte in seinem Vorstoß eine Absage an die plurale Gesellschaft oder gar einen Aufruf zu neuem Nationalismus.

Was unterscheidet einen ›Grundwertekatalog‹ von einer ›Leitkultur‹?

Man könnte nun vermuten, innerhalb dieses relativ kurzen Zeitraums habe sich die gesellschaftliche Mentalität geändert, so dass jetzt mit Freude betrieben wird, was zuvor die Alarmglocken schellen ließ. Dem widerspricht aber die Tatsache, dass auch spätere Varianten eines ›Leitkultur‹-Vorschlags dieselben Abwehraffekte ausgelöst haben. Die inneren Bilder, die der Begriff ›Leitkultur‹ weckt, scheinen also unangenehmer zu sein als das, was mit Grundwerten und einem Wertekatalog assoziiert wird. Bei ›Leitkultur‹ denkt man an Leitplanken und damit an Begrenzungen, an eine klar vorgegebene Richtung – ohne die Möglichkeit, individuell abzuweichen. Und man denkt an jemanden, der leitet: Vorschriften macht und andere gar unterdrückt. Dem Journalisten Heribert Prantl dürften viele zustimmen, wenn er schreibt, ›Leitkultur‹ sei »ein polarisierender Begriff, ein spaltendes Kampfwort, ein Wort der Überhebung und der Überheblichkeit«; zumal wenn »die Leitkultur wie ein Gesslerhut an den Maibaum gehängt wird, an dem Migranten mit Verbeugung vorbeizumarschieren haben, ist das gesellschaftsschädlich«.[6]

Nur wenige Wochen zuvor hatte Prantl aber anlässlich der Wahl eines neuen Bundespräsidenten geschrieben, dieser habe nicht nur »die Grundwerte eines demokratischen Rechtsstaats [zu] repräsentier[en]«, sondern auch dafür einzustehen, »dass sie geachtet und geschützt werden«.[7] Sobald von Werten die Rede ist, gibt es also offenbar nicht die Sorge, dass ein Leitwolf zu viel festlegen und anderes zu kurz kommen lassen könnte. Angesichts eines Grundwertekatalogs wird auch nicht befürchtet, andere – wie etwa Migranten –

müssten sich etwas beugen, das ihnen vielleicht gar nicht entspricht. Vielmehr erscheint ein Katalog mit Werten als sympathisch offen: Kann man ihn nicht jederzeit ergänzen und aus breiteren Angeboten individuell auswählen?

Dabei mag mancher sogar glauben, jede Ergänzung brächte zusätzliche Optionen ins Spiel. Ferner suggeriert ein Katalog mit einzelnen Posten, man könne einen Wert ganz konzentriert befolgen, zugleich oder im Anschluss einen anderen, einen dritten und vierten, jeweils akkurat voneinander getrennt. So verfestigt sich die Vorstellung, Werte seien klar unterscheidbare Einheiten: wie Dinge, die sich sammeln, tauschen, ordnen, bearbeiten oder besitzen lassen. Ja, gerade die Verdinglichung macht Werte – und das Sprechen über sie – beliebt. Selbst komplizierte Themen werden dadurch übersichtlich und lassen sich ohne moralphilosophische Spezialausbildung diskutieren.

Wie konsumistisch geprägt ist das heutige Verständnis von Werten?

Sicher wäre es nie zum Vorschlag von Wertekatalogen gekommen, würde nicht schon tagtäglich die Vorstellung eingeübt, man könne sich für Werte jederzeit und in jeglicher Kombination entscheiden. Genau das aber passiert in jedem Supermarkt, und zwar keineswegs nur auf Beipackzetteln, sondern vor den Regalen mit Milchprodukten genauso wie bei Tees, Mineralwässern oder Smoothies. Sehr viele Produkte sind so aufgemacht, dass sie ein Leistungsversprechen beglaubigen, angenehme Emotionen wecken oder den Konsumenten Statusgewinne in Aussicht stellen, vor allem aber einen bestimmten Wert für sich beanspruchen. Es geht dann um ›Freiheit‹ oder um ›Erfolg‹, um so unterschiedliche Dinge wie ›Heimat‹, ›Power‹ oder ›Reinheit‹.

Ein Deo kann also *Peace* oder *Victoryleague* heißen. Dass es sich dabei um eine ernsthafte Substanz mit entsprechend starker Wirkung handeln muss, suggeriert im Fall von *Peace* bereits die schwarze Farbe des Pro-

»Peace« als Spray: Konsumprodukte beeinflussen, welches Bild von Werten entsteht

duktkörpers, der zudem an Sprühdosen mit Tränengas erinnert. Aber mit dem prominent darauf platzierten Symbol der Friedensbewegung verheißt das Spray im Gegenteil eine überwältigend harmonisierende Kraft. Im Fall von *Victoryleague* bekräftigen ein goldener Metallicton und ein funkelnder Blitz auf der Flasche die Ausnahmesituation eines triumphalen Siegs. Beide Varianten verführen damit, dass sie einen Wert nicht nur repräsentieren, sondern in konzentrierter Form zu enthalten scheinen. Wer das eine oder andere Deo benutzt, imprägniert sich damit und wird daher viel konsequenter in dessen Sinne handeln können als jemand, der allein auf den eigenen guten Willen angewiesen ist.

Andere Varianten desselben Produkttyps stellen Abenteuer, Eleganz oder sogar politisches Bewusstsein in Aussicht. Dieselben Werte verheißen aber auch die Hersteller von Sportschuhen, Joghurts und Mineralwässern. Und bei Tee lässt sich zwischen Sorten wählen, die »innere Freiheit« oder »lange Freundschaft« versprechen. Ein anderer Hersteller unterscheidet Varianten exakt nach Wertbegriffen. Man kann sich für

Ruhe, Reinheit oder Kraft entscheiden. Dass diese Tees als ›limited edition‹ gekennzeichnet sind, macht den in ihnen verkörperten Wert noch intensiver erfahrbar: als etwas, das knapp und kostbar ist, aber umso mehr Freude macht, wenn man anderen zuvorkommt und es ihnen wegschnappt.

Als »limitierte Editionen« konfektioniert, werden Werte noch kostbarer

Im zeitgenössischen Marketing hat man besser als irgendwo sonst verstanden, wie gut sich Menschen fühlen, wenn sie die Gelegenheit haben, auf der Basis von Werten zu handeln. Das gibt ihnen Orientierung und Geborgenheit, und je sorgfältiger die Inszenierung eines Produkts auf einen einzelnen Wert hin ausgerichtet ist, desto bekenntnishafter ist eine Identifikation damit möglich. Geld für dieses Produkt auszugeben heißt dann, sich den jeweiligen Wert zu eigen machen und ihn als Substanz zu erfahren, deren Besitz das eigene Handeln verbessert.

Werte sind »regulative Fiktionen«

Doch lässt sich gerade an Beispielen der Konsumwelt auch erkennen, wie wichtig die ästhetische Inszenierung für eine Werterfahrung ist. Das wiederum legt ein Verständnis von Werten nahe, für das sich der Philosoph Andreas Urs Sommer ausspricht. Für ihn sind sie »regulative Fiktionen«.[8] Widerspricht er damit der Ansicht, Werte seien reale, dem Handeln notwendig vorausgehende Wesenheiten, so steckt im Begriff der Fiktion zugleich die Idee einer sinnstiftenden Schöpfung. Wie Fiktionen in Romanen und Filmen die Phantasie beflügeln, Sachverhalte des eigenen Lebens klarer sehen oder die Welt aus der Perspektive einer sozialen Minderheit wahrnehmen lassen, so können auch Werte zu ähnlichen Bewusstseinsveränderungen beitragen. Werden sie in einer Weise sinnfällig, dass sie emotionalisieren und motivieren, helfen sie dabei, das Handeln zu organisieren, zu ritualisieren und zu rechtfertigen. Darin besteht ihre regulative Funktion.

Werte müssen glaubhaft verkörpert werden

Ein Roman zieht nur in den Bann, wenn er in präziser Sprache geschrieben ist. Ein Film löst allein mit starken Bildern etwas aus. Und auch Werte brauchen eine anspruchsvolle Verkörperung – bei Produkten am besten eine glaubwürdige und schöne Geschichte. Das kann wie im Fall des Eistees *ChariTea* verlaufen, dessen Name auf ›charity‹ und damit auf den Wert ›Nächstenliebe‹ verweist. Die Gründer des Labels wollten »ein spannendes Unternehmensmodell entwickeln«, um Kleinbauern in armen Ländern zu helfen, deren schlechte Lebensbedingungen sie noch im Zuge eines aus ihrer Sicht unbefriedigenden Entwicklungshilfeprojekts erfahren hatten. Es sei ihnen anfangs »nicht explizit« um ein neues Getränk gegangen, vielmehr war dieses nur Mittel zum Zweck. Doch wurde der Eistee dann vom Design der Flasche bis zum Marketing auf Kanälen der Sozialen Medien so angelegt, dass er, zumal er nur an ausgewählten Orten eines gehobenen Lifestyles erhältlich ist, großen Distinktionsgewinn in Aussicht stellt, also gerade auch attraktiv ist, weil man sich mit seinem Konsum demonstrativ verantwortungsvoll – wertorientiert – verhalten kann. Alle Marketingbotschaften zielen darauf ab, transparent zu machen, wie viel infrastrukturelle und finanzielle Hilfe – Nächstenliebe – dank der Herstellung von *ChariTea* geleistet wird. Den Konsumenten wird vermittelt, dass sie »eine gewisse Macht haben und mit ihrer Kaufentscheidung die Welt ein bisschen besser machen können«.[9]

Ein Bekenntnis zur Nächstenliebe: Teil eines Lifestyles

Da die Narrative und Bilder die Sensibilität für unterentwickelte Regionen steigern und Mitleid mit einzelnen Bauernfamilien wecken, Konsumenten sich also in der Rolle besorgter Weltbürger wiederfinden, die altruistische Ziele über egoistische Bedürfnisse stellen, ist die von dem Eistee ausgehende Wirkung tatsächlich mit der eines fiktionalen Texts oder Films zu vergleichen. Und so gilt zumindest für eine Reihe von Konsumprodukten dasselbe, was der Philosoph Richard Rorty bezogen auf Romane behauptet hat: Sie – und nicht etwa ethische Traktate – seien »die nützlichsten Hilfsmittel der moralischen Bildung«.[10] Das bedeutet auch, dass mancher sich heute stärker als Konsument in der Rolle des politisch aktiven Bürgers fühlt denn als Wähler, Parteimitglied oder Demonstrant.

Was Werte sind, lernt man zuerst im Supermarkt

Daher gibt es auch keinen Grund, die Inszenierung von Werten in der Welt des Konsums abzulehnen. Viele Menschen dürften sich kaum einmal sonst so stark mit gesellschaftspolitischen Fragen befassen und kaum einmal sonst so sorgfältig ihre jeweiligen Vorlieben realisieren wie im Fall von Konsumentscheidungen. Werte werden mittlerweile also an ›Points of Sale‹ expliziter zum Thema als in Schulen und Parlamenten. Als Teil einer Produktgestaltung erscheinen sie auch nicht abgehoben, sondern sind, einzeln in Form gebracht, gut zu begreifen, gut zu vergleichen, gut voneinander abzuheben. Zugleich werden damit aber auch fragwürdige Bilder erzeugt, und sosehr es von Vorteil ist, dass das Wertemarketing das Konsumentenbewusstsein über das jeweilige Produkt hinaus für ökonomische, ökologische, soziale oder historische Zusammenhänge verschärft, so sehr erfahren ethische Fragen durch die Verdinglichung der Werte eine Verkürzung.

Aber kann man wirklich behaupten, dass die Vermarktung von Werten bei Konsumprodukten nennenswerten Einfluss darauf hat, wie in anderen Bereichen gedacht und diskutiert wird? Und wenn schon: Was sollte daran problematisch sein?

Auch in der Politik verhält man sich wie im Supermarkt

Für viele Menschen ist das Einkaufen heute interessanter und herausfordernder als früher, weil mit den Werten immerhin die großen Themen des Lebens aufgerufen werden. Mittlerweile geht es aber auch in politischen Diskussionen meist um einzelne Werte – um Gesundheit, Solidarität, Sicherheit, jeweils akkurat abgepackt. Verkopfte Ideologien und komplizierte Programme spielen hingegen kaum noch eine Rolle. Vielmehr, so könnte man sagen, haben gesellschaftspolitische Debatten den Charakter eines Familieneinkaufs angenommen: Zuerst schreibt man eine Liste mit allem, was man braucht, dann, im Laden, stellt man fest, dass der eine lieber die eine Sorte, der andere lieber eine andere hätte. Vielleicht einigt man sich, aber vielleicht landen auch beide Sorten im Einkaufswagen. Oder man probiert eine neue Variante aus, gibt einer momentanen Laune nach, wählt etwas aus, weil es gerade besonders günstig angeboten wird.

Als es um die Ausarbeitung eines Grundwertekatalogs für Migranten ging, wurde dieser immer länger – bis man die Idee stillschweigend aufgab. Für sich allein genommen erscheint dabei jeder Wert wichtig und unterstützungswürdig. Je stärker getrennt voneinander Werte vergegenwärtigt werden, je stärker sie also verdinglicht und verabsolutiert sind, desto schwerer fällt jedoch die Einsicht, dass mit ihnen durchaus unterschiedliche, ja unvereinbare Ansprüche verbunden sein können. Vielleicht sucht man sogar eigens nach verschiedenen Werten, um sich mit ihnen als plurale, in sich widersprüchliche und damit attraktive, aufregende Persönlichkeit zu präsentieren. Dafür werden die zwischen divergierenden Werten angelegten Zielkonflikte ausgeblendet. So lässt sich übersehen, dass der Einsatz für einen Wert auch bedeuten kann, auf etwas verzichten oder negative Folgen akzeptieren zu müssen: Nächstenliebe heißt nicht nur, sich um Bauern in Paraguay oder Sri Lanka zu sorgen, sondern impliziert auch, darauf bedacht zu sein, niemanden dadurch abzuhängen, dass man selbst zu erfolgreich und stark wird. Genauso wenig dürfte man gleichzeitig die Deos *Peace* und *Victoryleague* im Schrank stehen haben, denn sosehr im einen Fall ein Wir-Gefühl trainiert wird, so sehr im anderen eine keineswegs friedfertige Ellbogenmentalität, mit der man, auf Wettbewerb getrimmt, Konkurrenten besiegen kann.

Doch wer hält sich schon daran? Vielmehr wird man ein Regal weiter von einem Produkt verführt, das einen ganz anderen Wert repräsentiert. Das ist im Supermarkt nicht weiter schlimm, doch bei politischen Debatten wird daraus ein Problem. Man spricht sich dann nämlich auch hier immer nur für den jeweils aktuellsten Wert aus – ohne zu reflektieren, ob und wie er zu anderen Werten passt. Man vertritt kein systematisches Programm, sondern argumentiert und agiert punktuell – vielleicht sogar populistisch und opportunistisch. Und wie es ein gutes Gefühl bereitet, wenn man sich beim Einkaufen für ein bestimmtes Produkt entscheidet, so fühlt sich auch bereits verantwortungsvoll, wer ein Bekenntnis zu einem Wert abgibt.

Der Unterschied zwischen einer Konsumentscheidung und einer politischen Entscheidung

Durch das Aneinanderreihen von Bekenntnisakten werden aber nicht nur mögliche Konflikte zwischen einzelnen Werten ausgeblendet. Vielmehr fällt es auch leicht, die Bekenntnisse schon als Handlungen anzusehen. Entweder bleibt es dann dabei und Worten folgen keine Taten, oder man handelt zwar im Sinne des Wertes, zu dem man sich bekannt hat, tut dabei aber immer noch so, als lasse sich in jedem Moment alles neu und unabhängig von anderem entscheiden. Dass jeder Einzelne wie auch die Gesellschaft insgesamt »immer wieder anfangen« könne, behauptete etwa die Publizistin Carolin Emcke 2016 in ihrer Dankesrede zum Friedenspreis des Deutschen Buchhandels.[11] Das jedoch ist eine Illusion, da Handlungen oft irreversible Konsequenzen haben. Während sich eine Konsumentscheidung durch eine andere ausgleichen oder ergänzen lässt, ist das bei politischen Entscheidungen gerade nicht möglich. Hier kann man, anders als im Supermarkt, schuldig werden.

Ist eine Wertethik eine Gesinnungsethik?

Sosehr die Verdinglichung und Konfektionierung von Werten politische Auseinandersetzungen veredeln und vereinfachen mag, so sehr drohen die Folgen eines daran orientierten Handelns also unterschätzt zu werden – und daher umso schlimmer auszufallen. Eine Wertethik kann gar zu einer Schwundstufe von Gesinnungsethik geraten: Wie bei dieser ist man von dem geleitet, was man als gut und wünschenswert empfindet, nur dass man keiner konstanten Haltung oder festgefügten Ideologie, sondern einem einzelnen Wert folgt, der jederzeit durch andere Werte ersetzt werden kann. In einem anderen Text ermutigt Emcke dazu, die eigenen »Werte und Überzeugungen« immer wieder zu »befrag[en]«, indem man das »zurücklässt, was nicht taugt«. Und dann heißt es wiederum, die »Idee des Neuanfangs« stelle sich als »menschliche Möglichkeit immer«, bei »jedem Handeln«.[12]

Dass viele Produkte, die Werte inszenieren, mit Effekten von Verführung agieren und das Neu-Sein zelebrieren, verstärkt die Atmosphäre von Anfang und Unschuld noch weiter. Ausgehend von der wertkonfektionierten Warenwelt geht es deshalb bei Wertedebatten generell mehr um Ambitionen als um Konsequenzen, weniger um Konflikte als um Erwartungen. Eine solche Reduktion von Ethik auf kleinste Einheiten – einzelne Werte – genügt aber weder den Ansprüchen des kategorischen Imperativs noch anderen moralphilosophischen Konzepten. Diese zielen nämlich darauf, entweder alles – wie in den Religionen – wenigen allgemeingültigen Prinzipien zu unterwerfen oder aber einzelne Handlungen – wie etwa im Utilitarismus – in möglichst große Zusammenhänge zu stellen. Nur im Namen von Werten zu agieren, erscheint hingegen als zu einfach.

Genügt es Politikern häufig, sich in Reden zu Werten zu bekennen, bekräftigt man in anderen Milieus lieber, wie beglückend es sei, nach Werten zu handeln: sie zu verwirklichen und damit zugleich etwas zu vollbringen, worauf man stolz sein könne. Die Ratgeberliteratur, egal ob für Manager in Unternehmen oder für Menschen auf der Suche nach dem Sinn des Lebens, liefert zahllose Belege dafür, dass Werte als etwas angesehen werden, das der Umsetzung bedarf. Bis es dazu kommt, sind Anstrengung und Konsequenz vonnöten.

Wertedesign in Unternehmen

Ein Schulungsprogramm für Startup-Unternehmer bietet zuerst Hilfe beim »Ermitteln Ihrer Werte«, die vor Gründung »festgelegt« werden müssten, hat aber vor allem Tools entwickelt, damit die Umsetzung der Werte auch gelingt. Sie reichen von Techniken, mit denen sich bei Einstellungsgesprächen erkennen lässt, »ob der Bewerber zu den Werten in Ihrem Unternehmen passt«, über »Einarbeitungsprogramme, die Ihre Werte klar kommunizieren« bis hin zu »Mitarbeiterprogramme[n], mit denen Sie sicherstellen, dass die Unternehmenswerte täglich umgesetzt werden«. Besonders wichtig sei die »Vorbildfunktion« der Führungskräfte, und für Mitarbeiter gelte, sie sollten sich zu »jedem Wert eine Person im Unternehmen« überlegen, die »diesen Wert verkörpert«. Diese Person fungiert als Testimonial; sie interpretiert den Wert mit ihrem Auftreten und Verhalten, so wie ein Pianist ein Musikstück interpretiert. Ein Wert-Vorbild wirkt motivierend auf andere, die sich die Frage stellen sollen, wie sie »das Verhalten dieser Person nachahmen« könnten, um schließlich »selbst bei der Umsetzung der Werte stets als Vorbild [zu] gelten«.[13]

Immer wieder wird hervorgehoben, wie viel Arbeit die Umsetzung von Werten bedeute; sie bedürften fortwährend neu der Verkörperung, um nicht abstrakt und folgenlos zu bleiben. Sind Werte vielleicht also doch nicht so stabil und real, wie gerne unterstellt wird? Gelten, ja existieren sie vielmehr nur, soweit sie auch eigens gelebt werden? Als etwas, das jeweils umzusetzen ist, nehmen sie den Status von Artefakten an. Sie werden, wie schon ihre Titulierung als ›regulative Fiktionen‹ nahelegte, von Menschen realisiert, verdanken sich somit den individuellen Fähigkeiten, Erfahrungen und Interessen derer, die an ihrer Umsetzung mitwirken.

Das heißt umgekehrt jedoch auch, dass Menschen ihre Individualität ausprägen und steigern können, wenn sie sich einzelner Werte annehmen und diese entsprechend leben. Wer Werte umsetzt, unterwirft sich gerade nicht übergeordneten Normen, sondern erfährt im Gegenteil einen Gestaltungsspielraum. Es geht dann darum, eine spezifische Vorstellung von ›gutem Leben‹ differenziert und stark auszubilden, was nichts anderes bedeutet, als dass man mit den eigenen Werten zugleich die eigene Persönlichkeit zum Ausdruck bringt.

Das Umsetzen von Werten wird als kreative Leistung verstanden

Die beliebtesten Verben, mit denen das Nach-Werten-Handeln umschrieben wird und denen zufolge man Werte ›umsetzt‹, ›gestaltet‹, ›realisiert‹, ›verwirklicht‹, ›verkörpert‹, bestärken alle das Bild eines Geschehens, das nicht nur persönlichen Einsatz verlangt, sondern auch eine schöpferische Tat darstellt, so als brauchte es dazu eine spezielle Begabung. Erst dadurch wird ein Wert für andere erfahrbar, erlangt Evidenz und Verbindlichkeit. Ein realisierter Wert ist somit ein Werk, selbst wenn er sich in keiner materiellen Gestaltung – einem Bild, einem Designobjekt, einem Konsumprodukt – niederschlägt, sondern in einer Verhaltensweise, gar nur in einem Moment spontanen Reagierens zum Vorschein kommt. Er ist ein Werk, ähnlich wie es eine Performance oder eine musikalische Improvisation ist: beinahe beliebig offen und ephemer, aber dennoch die Schöpfung eines Autors, der damit eigens etwas zur Gestalt bringt.

Werte sind daher nicht nur – und vielleicht nicht einmal zuerst – eine Sache der Ethik, sondern zentrale Instrumente für eine Kultur, in der sich fast alles um

Individualität und Kreativität dreht. Daher ist es kein Zufall, dass die Werte ihre erste Karriere zu einer Zeit erlebten, in der der Mensch erstmals konsequent als Individuum gedacht und als das Wesen begrüßt wurde, das seine eigene Welt erst mit hervorbringt. Derselbe Friedrich Nietzsche, für den die Auszeichnung des Menschen nicht im Erkennen, sondern im Erschaffen bestand und für den die Wahrheit etwas Gemachtes – ein Artefakt – war, erhob die Werte zum Sujet der Philosophie. Sie stellten für ihn sogar die bedeutsamsten schöpferischen Leistungen des Menschen dar, was umgekehrt bedeutet, dass die größten und stärksten Individuen vor allem Werte schaffen oder umschaffen. »Die vornehme Art Mensch fühlt *sich* als werthbestimmend, [...], sie weiss sich als Das, was überhaupt erst Ehre den Dingen verleiht, sie ist *wertheschaffend*.«[14] So formulierte Nietzsche in *Jenseits von Gut und Böse* (1886) und bezeichnete es weiter als »das eigentliche *Herrenrecht*, Werthe zu schaffen.«[15] »Wandel der Werthe« war für ihn, wie es zuvor schon im *Zarathustra* (1883) hieß, »Wandel der Schaffenden«.[16]

Für Nietzsche bedeuteten Werte Werke und Umwertungen geniale Schöpfungen; er hätte durchaus schon von Meisterwerten sprechen können, als er das Streben, »wertheschaffend« zu sein, als eine Moral der »Selbstverherrlichung« pries.[17] Doch dauerte es noch ein paar Generationen, bis sich in der Gesellschaft wertethische Denk- und Verhaltensmuster breit etablierten. Das aber geschah in enger Beziehung zu einem Mentalitätswandel, durch den Individualität und Kreativität nochmals erheblich an Bedeutung gewannen und, gerade im Kontrast zu Nietzsche, einer Demokratisierung unterzogen wurden. In der durch Joseph Beuys prominent gewordenen Formel »Jeder Mensch ist ein Künstler« kommt die seit den 1960er Jahren zunehmend selbstverständliche Idee zum Ausdruck, Kreativität nicht für das Privileg einer begabt-begnadeten Minderheit zu halten, sondern als menschliche Grundeigenschaft zu begreifen. Seither aber ist auch jeder Mensch mit dem Anspruch konfrontiert, durch das eigene Tun unverwechselbar zu werden. Der Soziologe Andreas Reckwitz spricht von einem »Kreativitätsdispositiv«, das heute allenthalben herrscht, so dass »verschiedenste gesellschaftliche Sektoren und ihre Praktiken – von der Erziehung bis zum Konsum, vom Sport bis zum Beruf und zur Sexualität [...] Imperativen der Kreativität entsprechend umgeformt« werden.[18]

Was die Ethik anbelangt, so sind lange Zeit relevante Konzepte, etwa sämtliche Formen von Tugend- oder von Sollensethik, nicht mit diesen Imperativen in Einklang zu bringen. Pflichten sind vollständig zu erfüllen, Tugenden hat man umfassend gerecht zu werden und Idealen streng zu folgen. Das alles kann besser oder schlechter gelingen, aber das Augenmerk fällt immer eher auf das, was jeweils (noch) nicht erreicht wurde. Der Einzelne erscheint gegenüber den großen Idealen und hehren Tugenden und Pflichten somit als klein und schwach und kann das mit einem individuellen, gar originellen Stil des Handelns nicht kompensieren. Vielmehr ist undenkbar, ethisch einwandfreies Handeln als gleichbedeutend mit kreativem Handeln anzusehen.

Nur eine Wertethik gesteht dem Menschen Kreativität und Individualität zu

Wer sich auf Werte bezieht, hat hingegen die Chance, den Kreativitätsimperativen gerecht zu werden und sich zugleich moralisch zu bewähren. Allein Werte lassen sich in der Umsetzung individuell interpretieren und verlangen sogar danach, eigens gelebt und immer wieder neu gestaltet zu werden. Damit kommt ihnen eine Brückenfunktion zu: Sie werden zum Ansporn und Rohstoff für Menschen, die sich sowohl als unverwechselbar wie auch als integer, sowohl als selbstbestimmt wie auch als verantwortungsbewusst, sowohl als originell wie auch als engagiert erleben wollen. Mit ihnen sind ganz andere innere Bilder verbunden als mit den herkömmlichen Leitbegriffen der Moralphilosophie. So strebt man im Fall von Pflichten, Tugenden, Idealen jeweils danach, sich dem, was sie vorgeben, anzunähern; man denkt sie sich als außerhalb und oberhalb von sich selbst: als etwas, das unabhängig von der eigenen Person existiert. Werte hingegen stellt man sich als etwas vor, das die eigenen Vorlieben, Wünsche, Überzeugungen enthält, also untrennbar mit einem selbst verbunden ist, gleichsam in einem selbst – im eigenen Wollen – steckt und nach Verwirklichung und Entfaltung strebt.

Werte fungieren als Motivationstreiber

Der Aufstieg der Werte zu omnipräsenten Motivationstreibern hat das Selbstverständnis vieler Menschen in den letzten Jahrzehnten verändert. Sie erleben sich nun produktiver und erfüllter als vermutlich je zuvor in der Geschichte. Wer sich auf Werte beruft, hat immer so viel zu verwirklichen und zur Geltung zu bringen, dass das schon genügt, um sämtlichen Kreativitätsimperativen nachzukommen. Damit spielen Werte nicht nur eine stimulierende, sondern auch eine entlastende und befreiende Rolle.

Was aber sollte an der Vorstellung, Werte bedürften individueller Verwirklichungen, problematisch sein?

Für mich entsteht wiederum der Verdacht, dass Werte vor allem zum Tricksen geeignet sind – dazu, Schwieriges im Nu zu vereinfachen. Abgesehen davon, dass durch sie moralisch oder politisch komplizierte Fragen in simple Bekenntnisakte zu verwandeln sind, verschaffen sie denjenigen, die sich auf sie berufen, die sonst eher seltene und rundum wohltuende Empfindung, starke Individuen zu sein. Aber ich frage mich, ob es auf Dauer gutgehen kann, einen so bequemen und zuverlässigen Weg zu haben, um mit sich zufrieden zu sein.

Werte sind demokratisierte Werke

Andererseits kann es auch begrüßt werden, dass sich das Gefühl, einen Wert realisiert zu haben, gewiss viel leichter einstellt als die Überzeugung, ein bedeutendes Kunstwerk geschaffen zu haben, Wertstolz sich also häufiger erfahren lässt als Werkstolz. (Eine einschlägige Unternehmensberatung trägt sogar den Namen *Wertstolz*.[19]) Immerhin können Werte damit tatsächlich als demokratisierte Werke – als Werke unter Vorzeichen des »Jeder Mensch ist ein Künstler«-Postulats – angesehen werden. Sie ermöglichen es grundsätzlich jedem, sich als schöpferisch zu erfahren. Und ist es nicht erfreulich, dass demoralisierende Begriffe wie ›Erbsünde‹, ›Verworfenheit‹ oder ›Willensschwäche‹ damit einer anderen Zeit angehören? Wer außer einem engherzigen Menschen könnte etwas dagegen einzuwenden haben, dass Werte für Selbstbewusstsein und ›gutes Leben‹ stehen? Mit ihrer Verwirklichung lässt sich – um wieder aus der Ratgeberliteratur zu zitieren – der »Sinn unseres Lebens erfüllen«.[20] »Wenn Sie Werte umsetzen«, so ist an (fast beliebiger) anderer Stelle zu lesen, »gewinnen Sie daraus Motivation und Energie. Sehr intensive Energie sogar.«[21]

Haben Sollens- und Tugendethiken vom Menschen etwas gefordert, ihn angespornt, dabei aber eine eindeutige Richtung vorgegeben und so seine Möglichkeiten (wie Leitplanken?) begrenzt, so werden die Spielräume durch eine Wertethik erweitert und individuell geformt. Wer eine Wertethik vertritt, erlaubt dem Menschen letztlich sogar alles. Dies wird spätestens offensichtlich, wenn Freiheit oder Selbstbestimmtheit zu Werten erklärt werden und das kreative Individuum sämtliche Regeln, Normen, Ideale hinterfragt, die von außen vorgegeben sind. Eine Wertethik erscheint daher auch als gefährlich: sofern sie keine Grenzen setzt und, wie der Philosoph Hans Joas warnt, »ausschließlich die Situationsbezogenheit unserer Entscheidungen betont und damit der Prinzipienlosigkeit und Willkür Tür und Tor öffnet«.[22] Vielleicht wird es daher in künftigen Zeiten einmal als verhängnisvolle Wendung der Begriffsgeschichte eingeschätzt werden, dass Werte Menschen das Gefühl geben, nicht nur kreativ-individuell, sondern auch moralisch sensibel und gut zu sein.

Wie aber ist das überhaupt möglich? Wieso reicht die Berufung auf Werte aus, um immun gegenüber dem sonst weit verbreiteten Misstrauen zu sein, moralischen Standards vielleicht nicht zu genügen? Sollte dieses Misstrauen im Fall von Werten nicht umso größer sein? Immerhin lautet ein häufiger Einwand ihnen gegenüber, dass sie nicht dabei helfen, zu entscheiden, wie man sich verhalten soll, wenn man moralisch handeln will. Vielmehr könnten, so der Theologe Christoph Breitsameter, »für andere Entscheidungen und andere Handlungen andere Werte zitiert werden«.[23] Daher komme mit diesen nicht weit, wer ein festes Fundament oder gar eine Letztbegründung für sein Handeln suche. Entsprechend machen Kulturpessimisten diverser Richtungen den Boom der Werte für einen Moralverfall, zumindest für einen Relativismus verantwortlich.[24]

Aber lässt sich nicht auch ganz anders argumentieren? Dann könnte man behaupten, dass die Berufung auf Werte nur deshalb so umstandslos und pauschal als Ausweis einer moralischen Gesinnung zu deuten sei, weil sie als Basis für eine Ethik – anders denn als Basis für eine ästhetisierte Individualkultur – gar nicht wichtig seien. Ihre moralphilosophische Bedeutung werde vielmehr – so hieße es dann – überschätzt. Letztlich könne daher auch nicht viel passieren, wenn das Handeln nach Werten für vorbildlich erklärt werde, entscheide sich der moralische Zustand einer Gesellschaft doch an anderem, etwa am Ausmaß sozialer Unterschiede oder daran, wie oft Gerechtigkeitsgefühle durch Institutionen verletzt werden. Oder achten Menschen nicht etwa genauer darauf, sich anderen gegenüber fair zu verhalten, wenn sie den Eindruck haben, selbst überwiegend gut und gerecht behandelt zu werden?

Sind Werte lediglich ein Moralsurrogat?

Sollten Werte also nur ein Moralsurrogat sein? Tatsächlich erstaunt, wie allgemein und – das Wort ist an dieser Stelle unvermeidbar – oberflächlich Werte mit Moral assoziiert werden und wie selten das jemanden zu stören scheint. Oder ist es nicht ein sehr billiger Schluss, einer Person, die sich zu Werten bekennt, zu attestieren, ein bloß materialistisches Denken hinter sich gelassen zu haben, also von ideellen Motiven angetrieben zu sein und allein deshalb über ein ausgeprägtes Moralempfinden zu verfügen? Erst recht absurd erscheint ein solcher Schluss, wenn man darauf schaut, was alles zum Wert erklärt wird.

Mögen schon manche Wertbekenntnisse in Unternehmensphilosophien (›Wirksamkeit‹, ›Regionalität‹) Zweifel wecken, ob hier nicht einfach nur Eigenschaften angesprochen sind, mit denen die Hersteller ihr Markenprofil beschreiben, so fällt auch sonst auf, dass vieles als Wert bezeichnet wird, das mit Handeln und insofern mit Moral höchstens indirekt zu tun hat. Wer etwa davon spricht, ›Pluralismus‹, ›Gesundheit‹ oder ›Bildung‹ als Wert zu vertreten, gibt nur zu erkennen, von welchen allgemeinen Zielen das eigene Verhalten bestimmt ist. Um Pluralismus zu stärken, ist zwar eine Haltung der Toleranz oder auch eine Idee von Gleichberechtigung wichtig, doch kann man den ›Wert‹ auch propagieren, ohne das reflektiert, ja ohne das eigene Verhalten danach ausgerichtet zu haben. Und wer sich für Gesundheit ausspricht und darauf achtet, nicht über die Stränge zu schlagen und sich fit zu halten, hat noch lange nichts getan, was mehr als eigennützig ist. Dasselbe gilt für Bildung. Es müsste erst eigens begründet werden, warum es für die Gesellschaft insgesamt förderlich sein sollte, dass eine bestimmte Person gesund oder gebildet ist, warum es also doch mehr als ein egoistisches Ziel sein kann, sich zu diesen ›Werten‹ zu bekennen.

Von Werten zu sprechen braucht erst einmal nicht mehr zu bedeuten, als das zu benennen, was einem wichtig ist. Entsprechend gibt es nahezu nichts, das nicht schon zum Wert erklärt wurde: Wasser, glatte Haut, Stille. Und natürlich auch die Werte selbst. Angesichts des Spektrums dessen, was alles den Status eines Wertes zugesprochen bekommt, wäre es undenkbar, einige Werte als zentral oder unverzichtbar herauszuheben. Während es also etwa in der Tugendethik Kardinaltugenden gibt, deren Erfüllung zugleich erlaubt, alle anderen Tugenden zu entwickeln, könnte man sich nicht auf Hauptwerte – oder jenen Grundwertekatalog – einigen. (Höchstens auf Meisterwerte, die besonders oft, ambitioniert und erfolgreich umgesetzt werden, deren Kriterium damit aber eher die gestalterische Leistung als die moralische Qualität ist.)

Wer von Werten spricht, gibt vor, nicht materialistisch zu sein

Doch selbst materielle Phänomene und egoistische Ziele erhalten eine Aura höherer und allgemeiner Bedeutsamkeit, wenn sie als Werte deklariert werden. Wertigkeit zu unterstellen heißt, die Aufmerksamkeit auf eine immaterielle, ideelle, spirituelle Dimension zu lenken. Als Wert ist Wasser nicht nur ein Durstlöscher, sondern steht für Reinheit und Natürlichkeit, während die glatte Haut auf Jugendlichkeit, Gesundheit und so im Weiteren auf eine Idee guten Lebens verweist.

Etwas zum Wert zu erheben oder allgemein viel von Werten zu sprechen ist oft Ausdruck eines – unspezifischen, kaum einmal eigens reflektierten – Misstrauens, vielleicht sogar eines Ressentiments gegenüber Geld, Besitz, Statussymbolen. Die materielle Welt erscheint dann insgesamt als profan, und je selbstverständlicher ökonomische Sicherheit ist, desto leichter fällt es, Werte als das Eigentliche auszugeben. Symptomatisch dafür ist etwa die Äußerung eines Studenten, der in einem Magazin über eine von ihm initiierte Hilfsaktion zugunsten von Geflüchteten befragt wird: »Früher war es mein Ziel, eine Eigentumswohnung zu besitzen. Dabei habe ich ja alles, was ich brauche. Jetzt lebe ich meine Werte und habe gelernt, besser auf Menschen zuzugehen.«[25] Dass nicht sein Leben nach Werten, sondern eine konkrete Hilfeleistung für bedrohte Menschen das Handeln des Studenten moralisch gut sein lässt, ist ihm offenbar nicht einmal selbst klar.

Zudem liefert seine Aussage ein weiteres Indiz dafür, dass mit Werten nur eine allgemeine Moralkulisse errichtet wird. So gerne man nämlich einerseits Werte verdinglicht und so tut, als ließen sie sich säuberlich trennen und einzeln umsetzen, so selbstverständlich spricht man über sie andererseits fast immer im Plural – in einem auffällig unbestimmten Plural. Das mag ebenfalls damit zu tun haben, dass man nicht materialistisch erscheinen will, dies aber glaubhafter zu sein verspricht, wenn man sich zu einer Fülle von Werten und nicht nur zu einem einzigen bekennt. Doch wie viel Aussagekraft besitzt ein solches Bekenntnis zu ›den‹ Werten? Und ist der unbestimmte Plural nicht genauso verfehlt wie die Verabsolutierung einzelner Werte, da beides Debatten über Moral auf gefühlsselig-folgenlose Bekenntnisse reduziert? Offen bleibt beim Werte-Plural etwa, ob je nach Situation andere Werte maßgeblich sind, ob es darunter besonders wichtige – unverzichtbare – gibt, ob man auch zu viele Werte zugleich vertreten kann oder wie diese im Ver-

Von Werten wird oft im unbestimmten Plural gesprochen

hältnis zu den Werten anderer Menschen stehen. Es ist kaum zu glauben, dass das ganz allgemeine Reklamieren von Werten dennoch genügen soll, um (bis zum expliziten Beweis des Gegenteils) als integer oder gar als moralisch zu gelten.

Nicht einmal Gesellschaftskritiker und Kulturpessimisten ziehen gegen diesen Umstand ins Feld. Im Gegenteil: Wenn sie beklagen, Werte spielten eine zu geringe Rolle, oder wenn sie von Werteverlust sprechen, bedienen sie sich desselben unbestimmten Plurals.[26] Bleibt in ihren Aussagen unklar, ob die Verbindlichkeit der Werte gelitten haben soll, ob es immer weniger Werte gibt oder ob ganz bestimmte Werte an Relevanz eingebüßt haben, so schweigen sie erst recht darüber, ob und warum es besser sein sollte, mehr Werte zu haben und sich stärker mit ihnen zu identifizieren. Über die vage Vorstellung hinaus, Werte an sich seien wichtig und könnten genauso wie Handtaschen oder Schlüssel verlorengehen, wird also auch hier nichts geboten.

Letztlich tragen die vielen Klagen über Werteverlust und Werteverfall sogar dazu bei, dass noch mehr Menschen noch häufiger ›die‹ Werte im Munde führen, weil sie glauben, damit auf der richtigen Seite zu stehen. Sie signalisieren damit aber auch, dass sie keine Lust auf Streit haben. Die allgemeine Berufung auf Werte im Plural ist vielmehr als der Versuch zu deuten, Einigkeit mit anderen zu bekunden, die ihrerseits von Werten sprechen. Man tut so, als seien die Gemeinsamkeiten zwischen allen, die sich zu Werten bekennen, viel größer als eventuelle Unterschiede. Nach diesen sucht man gar nicht erst, und wenn man auf sie stößt, wie das etwa bei den ersten Anläufen zu einem Wertekatalog für Migranten der Fall war, dann weicht man Diskussionen aus. Das Beschwören von Werten im Plural besitzt somit palliative Funktion.

Das Beschwören von Werten im Plural besitzt palliative Funktion

Wo es hingegen unvermeidbar ist, Differenzen auszutragen, wird das Werte-Vokabular durch andere Sprechweisen ersetzt. So ist bei Koalitionsverhandlungen von Interessengegensätzen oder Zielkonflikten, aber nie von einer Unvereinbarkeit der Werte die Rede. Und geht es um Interessen und Ziele, fällt es auch nicht schwer, diese genau zu benennen und abzugrenzen. Weil man dann über materielle und handfeste Angelegenheiten diskutiert und die jeweiligen Motivationen nicht im Moralkleid, sondern als eigennützig zur Geltung kommen, fällt es leichter, gegnerische Parteien zu attackieren.

Niklas Luhmann wies analog darauf hin, dass »Werte [...] in der Kommunikation vorausgesetzt, [...] aber nicht der Kommunikation ausgesetzt« werden. Sie selbst stünden also nicht zur Debatte. Wenn sich jemand auf einen Wert berufe, werde gerade nicht »mit Annahme oder Ablehnung oder mit einem modifizierenden ›ja, aber...‹« reagiert; vielmehr »lässt man den Wert durchgehen«, weil es »beim typischen Tempo der Kommunikation« »zu kompliziert« sei, dem zu widersprechen oder auch nur andere Schlüsse daraus zu ziehen. Das Sprechen von Werten wirkt somit immunisierend, ja schützt vor Streit, und wer sie anführt, schiebt »die Last der Komplexität [...] dem zu [...], der einen Einwand vorbringen möchte«.[27]

Sich auf Werte zu berufen ist daher – so Luhmanns Beobachtung – besonders passend »bei Festlichkeiten« – bei Sonntagsreden, mit denen eine harmonische Atmosphäre erzeugt werden soll. Anders als Ideen, die er mit »Fixsternen« vergleicht, sieht Luhmann in Werten »eher Ballons, deren Hüllen man aufbewahrt, um sie bei Gelegenheit aufzublasen«.[28] Sie sind, so könnte man paraphrasieren, Konsensstifter oder auch Air-Bags, in jedem Fall aber Medien der Entpolitisierung.

Seit 1997, als Luhmann diese Analyse vornahm, hat das Sprechen über Werte aber nochmals an Beliebtheit gewonnen; es beschränkt sich keineswegs auf Festlichkeiten, sondern ist, gerade in der Politik, alltäglich geworden. Das ist ein Indiz dafür, dass viele Akteure des Politischen zugleich konfliktscheu geworden sind. Zumindest haben sie gelernt, wie leicht und zuverlässig man sich aus der Schusslinie nehmen kann, wenn man nur ein wenig Wertebeschwörung betreibt.

Bei Opponenten löst man aber vielleicht auch deshalb eine Beißhemmung aus, weil sie spüren, dass sie nicht nur die politische Urteilskraft und den moralischen Sinn derer angriffen, die sich auf Werte berufen, sondern dass sie zudem deren Werkstolz träfen. Je mehr es nicht zuletzt auch als kreative Leistung gilt, nach Werten zu leben, desto klarer verstieße zumindest gegen Höflichkeitsstandards, wer daran Kritik übte. Das wäre, als würde man einem künstlerisch Ambitionierten ins Gesicht sagen, wie schlecht und dilettantisch man seine Hervorbringungen findet.

Dass sich somit vor Angriffen schützen kann, wer Werte reklamiert, verleiht ihnen – auch diese Metapher ist möglich – die Kraft eines Heiligenscheins. Mit seinem Strahlen hält er andere Menschen auf Abstand, die ihrerseits strahlen. Sofern jeder für sich strahlt, sind Konfrontationen, ja sogar schon direkte Vergleiche ausgeschlossen, nicht anders als in der Werbung, wo auch jeder sich selbst in Szene setzt und so tut, als gäbe es keine Wettbewerber. Doch während ein Heiligenschein früher als Zeichen göttlicher Gnade gedeutet wurde, kann sich heute jeder selbst mit einem Strahlen ausstatten. Es genügt, halbwegs glaubhaft zu machen, dass man auf der Grundlage von Werten handelt. Und auch wenn diese bloße Moralkulissen sein mögen, bedeutet das nicht, dass von ihnen nicht gewaltige Wirkungen ausgehen.

Werte schmeicheln dem Menschen

Da Werte nicht nur als Motivationstreiber, sondern auch als Qualifikationsgrößen für moralisches Handeln dienen, fällt einmal mehr die Differenz zwischen einer Wertethik und Pflicht- oder Tugendethiken auf. In letzteren sind klare Richtlinien formuliert, wann ein Handeln als moralisch einwandfrei gelten kann; die Anforderungen dafür sind zum Teil so hoch, dass fast immer Zweifel möglich sind, ob das, was von moralischer Gesinnung zu zeugen scheint, bei genauerem Hinsehen nicht doch von Feigheit oder Egoismus motiviert sein könnte. Nicht einmal der Handelnde selbst kann sich über seine Motivationen sicher sein. Ob eine Handlung wirklich moralisch ist oder bloß einer Norm oder einem Gesetz entspricht, also (in Immanuel Kants Vokabular) Legalität verkörpert, bleibt sehr oft unklar.[29] Damit entsteht aber auch kein Raum für Gefühle von Selbstzufriedenheit und Stolz.

Es bestätigt sich also, dass mit den Werten etwas in die Welt gebracht wurde, was den Menschen umfassend schmeichelt und ihnen dazu verhilft, sich als positiv, geradezu als perfekt wahrzunehmen. Und da sie zudem davor bewahren, sich eigens rechtfertigen und in Auseinandersetzungen bewähren zu müssen, besteht auch keine große Gefahr, dass das makellose Selbstbild angekratzt wird.

Doch eben das weckt mein Misstrauen. Ich frage mich: Ist ein derart freundliches Bild nicht zu einseitig und bequem? Sollte zu anderen Zeiten, als der Mensch etwa als Sünder oder Mängelwesen begriffen wurde, wirklich zu negativ über ihn geurteilt worden sein? Und welche Folgen hat es, wenn eine grundsätzlich wohlwollende Selbsteinschätzung über längere Zeit und vielleicht auch nur in Teilen der Gesellschaft vorherrscht? Macht Zufriedenheit nicht behäbig und selbstgefällig? Führt Selbstverliebtheit nicht zu Hochmut und Dünkel? Sind Werte mittlerweile gar das am weitesten verbreitete Dopingmittel – ein Moral-Placebo?

Es steigert das positive Selbstbild vieler Menschen noch weiter, dass sie ein gutes Gewissen verspüren, wenn sie Werte umsetzen. Das gute Gewissen verbindet sich mit dem Werkstolz zu einer spezifischen Form der Lust – einer Lust, die man an sich selbst – am eigenen Handeln und Schaffen – empfindet. Die Wertethik wird damit zum Gewissenshedonismus. In ihm erlebt das kreativ-moralische Individuum seine Selbstapotheose.

Sich auf Werte zu berufen unterstützt einen Gewissenshedonismus

Diese Form der Lust ist historisch so neu wie das Sprechen über Werte. Ein Blick auf die Begriffsgeschichte des Gewissens lehrt nämlich, dass es die längste Zeit als schlechtes existierte.[30] Wenn sich das Gewissen regte, dann als warnende, mahnende, verurteilende innere Stimme, aber nicht als Instanz, die ein Handeln mit Lob quittierte. Das Beste, was passieren konnte, war kein gutes, sondern ein ruhiges Gewissen. Dass sich das geändert hat und mittlerweile sogar vom guten Gewissen öfter die Rede ist als vom schlechten, ja dass das Gewissen überwiegend als etwas erfahren wird (und werden soll), das Genugtuung und Lust verschafft, zeugt von einer Veränderung menschlicher Selbsterfahrung.

In der heutigen Gesellschaft haben sich diverse Praktiken etabliert, die im Dienst des Gewissenshedonismus stehen. Die einen verschaffen sich Lust am eigenen guten Gewissen, indem sie in Bio-Supermärkten einkaufen, andere huldigen einem Begriff von Heimat und Tradition und umgeben sich möglichst mit Dingen aus der guten alten Zeit, wieder andere beteiligen sich an Kunstaktionen und fühlen sich dadurch auf der richtigen Seite.

Ebenso beliebt sind Projekte, die auf Crowdfunding-Kampagnen basieren, bei denen sich Gleichgesinnte kurzzeitig oder längerfristig zusammenschließen, um gemeinsam etwas zu produzieren, das, im Unterschied zu einem Label wie *Charitea*, keinen ökonomischen Gewinn abzuwerfen braucht. Oft dienen solche Projekte dazu, in armen Regionen der Welt eine bessere Infrastruktur zu schaffen oder sich gezielt um Werte wie ›Nachhaltigkeit‹, ›Fairness‹ oder ›Arbeitsplatzsicherheit‹ zu kümmern. Und häufig dürften sie sogar zu Produkten führen, die in der ein oder anderen Hinsicht besser – sozial verträglicher, ressourcenbewusster, haltbarer – sind als die Angebote der großen und renditeorientiert produzierenden Konkurrenz. Der Anspruch, Werte kreativ umzusetzen, bleibt hier also nicht folgenlos, doch entsteht durch die Art und Weise, wie solche Kampagnen vorgestellt und beworben werden, immer wieder der Eindruck, letztlich würden Geld, Zeit und Findigkeit vor allem anderen dafür verwendet werden, eine durch den Gemeinschaftsgeist nochmals intensivierte Erfahrung guten Gewissens machen zu können. Lustgewinn tritt damit an die Stelle von ökonomischem Gewinn.

Nachdem etwa ein Berliner Architekt 2013 auf die Idee gekommen war, Sportschuhe ohne Kinderarbeit oder andere zweifelhafte Praktiken herstellen zu lassen, knüpfte er Kontakte zu Unternehmen, in denen bereits entsprechende Standards etabliert waren, und startete eine Crowdfunding-Kampagne, mit der Ko-Produzenten und zugleich Abnehmer der Schuhe gefunden werden sollten. Da diese an einen Klassiker – die *Chucks* – erinnern, gab er seiner Variante den Namen *Karma Chakhs* und ließ keinen Zweifel daran, was ihn – neben den sozialen Fragen – zu seinem Projekt motivierte: Es soll die an der Kampagne Beteiligten von Schuldgefühlen befreien, im Gegenzug gutes Gewissen bereiten und Bonuspunkte beim Schicksal einbringen. Wer Gutes tut, so die Karma-Logik, hat sich ein Recht erworben, seinerseits mit Gutem belohnt zu werden. In der Ausschreibung der Kampagne wird wiederholt bemerkt, dass jeder, der herkömmliche Schuhe erwerbe, »böses Karma« mit einkaufe, worauf der Initiator aber »keine Lust« mehr habe. Sein Projekt »bringt zwar keinen Gewinn, aber gutes Karma«. Im weiteren sinniert er über eine groß angelegte »Karma Economy« und wirft traditionell agierenden Unternehmen letztlich sogar weniger die Produktionsbedingungen in Billiglohnländern als die Schuldgefühle vor, die sie bei ihren Kunden auslösen. Daher werde man künftig nicht nur Schuhe, sondern auch »Waschmaschinen, Autos und Smartphones produzieren, wenn uns die Unternehmen zu schlechtes Karma bescheren«.[31]

Der Gewissenshedonismus folgt einer Karma-Logik

Derselben Logik folgt ein ähnliches Produkt, das aber nicht nur Projekt, sondern Geschäftsidee ist, also Gewinnstreben und Gewissenshedonismus miteinander zu verbinden sucht. Der Sneaker für Menschen, »die für ihre Werte einstehen«, heißt *Ethletic*, und die moralische Hochleistung, die seine Produzenten und Konsumenten diesem Namen zufolge erbringen, wird ebenfalls mit viel Gutem vergolten. Es handle sich, so ist auf der Website des Unternehmens zu lesen, um »faire Sneaker mit Wow-Effekt, die nicht nur gut ausse-

Wer sein gutes Gewissen beim Kaufen und Laufen trainiert, erlebt »Glücksgenuss«

hen, sondern auch ein gutes Gefühl hinterlassen – sowohl beim Gehen als auch im Gewissen«.[32] Das Unternehmen spielte sogar einen eigenen Soundtrack unter dem Titel »Have a Good Feeling« ein; auf dem begleitenden Video sowie in weiteren Filmen auf dem *YouTube*-Channel *Ethletic TV* sieht man, wie sich die Arbeiter in Ländern wie Pakistan, wo die Schuhe produziert werden, freuen, was die Initiatoren und Kunden des Unternehmens in ihrem guten Gewissen sicher noch bestärkt.[33] Gibt man bei vielen Projekten die Lust am guten Gewissen erstaunlich unverhohlen zu, so werden die schönen Gefühle von Stolz und Mit-sich-im-Reinen-Sein umso intensiver, je dezidierter man sie in Spielarten von Eigenlob mitteilt. »Trinke korrekt und rede darüber« – lautet etwa die Losung eines Getränkeanbieters aus Dresden mit dem völlig unironisch gemeinten Namen »Bar der Korrekten«, der ausschließlich nachhaltig-soziale Marken wie *Charitea* verkauft.[34]

Schlägt hier Gewissenshedonismus in Gewissenseitelkeit und vielleicht sogar in Gewissenshochmut um, da man Menschen mit anderen Getränkevorlieben pauschal ein unkorrektes – moralisch disqualifizierendes – Verhalten unterstellt, so besteht das Demonstrieren guter Gefühle oft auch darin, den Spaß zu betonen und auszuleben, den hat, wer sich für die richtige Sache engagiert. So begründet die Aktivistengruppe *Tools for Action*, die partizipative Projekte im öffentlichen Raum organisiert, ihr Tun ausdrücklich mit dem »Spaßfaktor«.[35] Er sei »das allerwichtigste«, denn damit könne man mehr Menschen dazu bringen, an einer Aktion mitzuwirken; gerade jungen Leuten werde so deutlich, dass man nur »Spaß haben kann mit denen, die gegen die Nazis sind«.[36]

Als hätten die Aktivisten Luhmann gelesen und seine Werte-Metapher verinnerlicht, ja als wollten sie ihr Wertebewusstsein veranschaulichen und sich zugleich

Tools for Action: Werte als aufgeblasene Ballons (Demonstration gegen Nazis, Dortmund, Mai 2016)

vor harten Konfrontationen schützen, begleiten sie Aufmärsche von Rechtsradikalen mit aufblasbaren, aus silberfarbener Folie gebastelten Ballons in Würfelform. Sie errichten damit ebenso luftige wie fotogene Barrikaden und erzeugen eine festliche Stimmung. Statt vor allem anderen in Sorge darüber zu sein, dass alte und neue Rechtsextreme auf die Straße gehen, genießen sie es, zu den Guten zu gehören und sich als moralisch integer und kreativ zu erleben.

Werte als Statussymbole

Das gute Gewissen erweist sich als Statussymbol der nichtmateriellen, von Werten getriebenen Mentalität. Wer Geld, Zeit und Kraft einsetzt, kann seinen gesellschaftlichen Status aber nicht nur sichtbar machen, sondern auch erhöhen. Das richtige Verhalten beim Einkaufen, Trinken oder Demonstrieren fungiert damit sogar als Statusbooster. Und sosehr vermeintlich altes, materialistisches und kapitalistisches Denken überwunden wird, so sehr bleibt doch – genau wie bei der Karma-Ökonomie – eine kommerzielle Logik in Kraft: Man akzeptiert, dass alles seinen Preis hat, erwartet aber eine Gegenleistung für den eigenen Einsatz. Das gute Gewissen ist mithin genauso konfektionierbar

Karma-Logik: Wer korrekt trinkt, der bekommt auch viel (#givealotandyoull-getalotback)

wie ein materielles Gut oder ein Konsumprodukt; man kann es in beinahe beliebigem Umfang und in unterschiedlichen Varianten erwerben.

Warum aber sollte man sich nicht auch eigens darum kümmern? Ist es nicht ein vorschneller Reflex, ja letztlich nur eine Spielart jenes vorher kritisierten Ressentiments gegenüber Besitz und Statussymbolen, sich gegen eine Konfektionierung immaterieller Güter auszusprechen? Hieße es nicht sogar, die eigene Lebensqualität zu vernachlässigen, wenn man zwar viel für mehr Komfort und besseren Lifestyle ausgibt, aber nicht mindestens ebenso darauf schaut, das eigene Gewissen zu optimieren?

Für mich ist es weder überraschend noch an sich kritikwürdig, dass Menschen nach etwas so Wertvollem wie einem guten Gewissen streben. Aber ich frage mich, was das mit Blick auf die gesamte Gesellschaft bedeuten kann.

Dazu sei zuerst bemerkt, dass ich das Interesse an immateriellen Gütern wie dem guten Gewissen als Wohlstandssymptom deute, rücken sie doch umso mehr in den Mittelpunkt, je selbstverständlicher materielle Bedürfnisse befriedigt sind (»Erst kommt das Fressen, dann kommt die Moral.«[37]). Und da das Bekenntnis zu Werten offenbar der sicherste Weg zu gutem Gewissen ist, verdanken diese ihre Konjunktur ihrerseits nicht zuletzt dem ökonomischen Reichtum heutiger westlicher Gesellschaften. Sie erlauben es den Menschen, ihre Ressourcen konzentriert zu nutzen, um all das zu erwerben, was Sinn in ihr Leben bringt und sie mit gutem Gewissen belohnt.

Eine Wertethik ist eine Wohlstandsethik

Schon in der Geschichte ihres Begriffs ist die materiell-ökonomische Basis der Werte unübersehbar.[38] So verstand man darunter lange Zeit Vermögenswerte, zu denen es kam, wenn sich Güter (z. B. Häuser, Schmuck, Kunst) mit Ideellem (z. B. Familientradition, Exklusivität, Originalität) verbanden. Heute haben sich nur die Akzente verschoben, und Werte sind zuerst etwas Ideelles, das aber jeweils materieller Strukturen und Manifestationen bedarf, um real zu werden. Wer etwa dem Wert ›Gesundheit‹ gerecht werden will, muss sich eine bestimmte Ernährung leisten und gewisse Umweltbedingungen einrichten können. Damit sind Werte – wiederum im Unterschied etwa zu Tugenden oder Pflichten – nach wie vor an materiell-ökonomische Faktoren gebunden.

Wenn sich eine an Werten orientierte Ethik nur durchsetzen konnte, soweit materielle Not überwunden war, heißt das aber auch, dass Menschen, denen mehr Geld, Zeit und Fähigkeiten zu Gebote stehen als anderen, ein höheres Wertebewusstsein entwickeln, insbesondere jedoch mehr Möglichkeiten nutzen können, um ihre Werte zu realisieren und damit ein gutes Gewissen zu erzeugen. Sich an Crowdfunding-Kampagnen zu beteiligen, ist für sie ähnlich umstandslos möglich wie der Konsum teurerer Produkte oder das Reisen an Orte, an denen sich für das Gute demonstrieren lässt. Überdurchschnittlich stark vom allgemeinen Wohlstand zu profitieren steigert also die Wahrscheinlichkeit, das eigene Leben als erfüllt und sich selbst als wertvoll, schließlich als moralisch überlegen zu erfahren.

Eine Wertethik begünstigt die Reichen und Privilegierten

Spätestens hier aber ist eine Wertethik nicht nur bequemer und schmeichelhafter als andere Ethiken, sondern entpuppt sich als folgenreich und problematisch. So drohen sozioökonomische Unterschiede eine Dynamik auszulösen, durch die letztlich der gesamtgesellschaftliche Zusammenhalt verlorengeht. Wer reicher ist, kann sich in einer wertethisch verfassten Kultur nicht nur mehr leisten, sondern steigert – durch den Erwerb guten Gewissens – fortwährend das eigene Selbstwertgefühl, während die Ärmeren, die nach wie vor damit beschäftigt sind, ihre materiellen Bedürfnisse zu befriedigen, viel schlechtere Chancen haben, ein Wertebewusstsein zu entwickeln, sich zu bestimmten Werten zu bekennen oder diese zu realisieren. Sie erscheinen – und fühlen sich – also erst recht in moralischer Hinsicht arm und unterlegen.

Entsteht neben einem materiellen Wohlstandsgefälle zusätzlich ein moralisch-ideelles Wohlstandsgefälle, dann bleibt es aber vermutlich nicht dabei, dass die Ärmeren die Reicheren beneiden, ihnen deshalb also einerseits nacheifern und sie andererseits als Feindbilder ansehen. Vielmehr dürften die Reichen, die materiellen Wohlstand oft eher verbergen oder zumindest nur selten in provozierender Absicht zeigen, kaum der Versuchung widerstehen, ihren Wertstolz nach außen hin zu demonstrieren. Statt ihre Überlegenheitsgefühle für sich zu behalten, stellen sie sich also ihrerseits direkt gegen die Ärmeren.

Sie äußern sich eventuell sogar in Gesten der Verachtung oder treten besserwisserisch auf, und da sie danach streben, immer mehr Felder des alltäglichen Lebens zu moralisieren, um mehr Gelegenheiten zu haben, ihr gutes Gewissen zu kultivieren, entwickeln sie auch zusätzliche Verhaltensansprüche und schaffen neue Tabus und weitere Verbote – und damit immer noch mehr Benimmhürden, an denen Menschen weniger wohlständiger Milieus scheitern. Ob es um Fragen der Ernährung, um Standards der Körperkultur oder um Lifestyle im Wohnen und Arbeiten geht: Allenthalben wachsen die Sinnerwartungen und damit die Vorstellungen davon, was gut und richtig und was minderwertig ist. Sollte da noch auszuschließen sein, dass sich nach und nach ein aggressives Klima aufbaut? Dass sich die Wohlstandsgesellschaft schließlich selbst destabilisiert?

Der Gewissenshedonismus und die Todsünden

Die vier kritischen Momente, auf die ich stieß, als ich mich mit dem Sprechen über Werte zu befassen begann, vor allem aber die beschriebenen Konsequenzen einer Wertethik bestätigen mein Misstrauen. Das erste Unbehagen scheint berechtigt gewesen zu sein, sieht es doch so aus, als würden gegenwärtig in einigen Milieus der Gesellschaft selbstbewusstseinssteigernde Gefühle in geradezu einmaligem Umfang angehäuft. Muss man nicht befürchten, dass das vermeintlich tadellose Engagement für Werte in Anfällen von Dünkel und Chauvinismus endet? Und kehren im Gewissenshedonismus nicht sogar mehrere der alten Todsünden wieder: Hochmut (superbia), Genusssucht (luxuria) und Maßlosigkeit (gula)?

Das sind schwere Vorwürfe. Ist es nicht übertrieben, den Zeigefinger zu heben, nur weil jemand Spaß beim Demonstrieren einer guten Gesinnung hat oder gerne darüber spricht, korrekt zu trinken? Das braucht doch so wenig zu beunruhigen wie ein – im übrigen uralter – Karma-Glaube. Und gab es nicht immer schon große Unterschiede dahingehend, mit wie viel Sinn Menschen ihr Leben füllen und wie viel Selbstbewusstsein sie entwickeln können? Gleichheit wird sich hier nie herstellen lassen. Und selbst wenn einige hoch- oder übermütig werden, weil sie ein zu gutes Bild von sich haben, und andere im Gegenzug sich als Verlierer fühlen und an Selbstwertgefühl einbüßen, dürfte das für die Gesellschaft kaum so schlimm sein wie etwa die gewaltigen Zumutungen, die in zahlreichen Perioden der Geschichte von Willkürherrschaft und staatlicher Gewalt ausgingen. Ist eine Gesellschaft, in der wertethische Lebensweisen Verbreitung finden, nicht insgesamt viel freier und glücklicher als jede andere Gesellschaft?

Führt der Wohlstand nicht nur zu einer Wertethik, sondern wird er durch sie auch gefährdet?

Ich verfolge keineswegs das Ziel, die wertethisch orientierte Gegenwart per se zu kritisieren. Es gab und gibt zweifellos viel brutalere, von viel größerer Ungleichheit geprägte Gesellschaften als die heutigen in den Ländern des Westens, und wenn ich die Wertethik als Wohlstandsfolge ausgemacht habe, ist damit auch gemeint, dass ich die negativen Aspekte, die mir am Werteboom auffallen, in eine positive Gesamtsituation eingebettet sehe. Aber eben deshalb mache ich mir Sorgen um den Fortbestand dieser durch Freiheit, Frieden und materielle Sicherheit gekennzeichneten Gesamtsituation. Mich beschäftigt, auf welch spezifische Weisen eine Wohlstandsgesellschaft in die Krise geraten kann. Und ich hege den Verdacht, dass die Wertethik dabei ein Faktor sein könnte. Daher will ich besser verstehen, was es heißt, wenn allenthalben von Werten gesprochen wird und es für viele eine normale Praxis darstellt, sich zu Werten zu bekennen. Vielleicht kann man einigen problematischen Spielarten der Wertethik entgegenwirken, ohne diese insgesamt ablehnen zu müssen. Immerhin sind die Erfahrungen mit ihr noch ziemlich neu, es muss sich also erst erweisen, was grundlegende Probleme, was hingegen Kinderkrankheiten sind.

Zuerst will ich genauer darauf achten, wie sich Bekenntnisse zu Werten manifestieren. Ist dabei immer Stolz im Spiel? Oder könnten auch andere Motive eine Rolle spielen? Und kommt es oft vor, dass das Bedürfnis, sich zu einem Wert zu bekennen, ausgeprägter ist als das Bedürfnis, konsequent nach diesem Wert zu handeln? Doch setzt nicht auch ein Wertbekenntnis schon voraus, dass man den entsprechenden Wert in das eigene Leben implementiert, dieses also danach einrichtet? Und muss dem nicht wiederum ein Wertbewusstsein vorausgehen, um überhaupt zu erkennen, wo sich Werte realisieren ließen?

In den letzten Jahren haben sich einige Lebensbereiche als besonders geeignet für Wertbekenntnisse erwiesen, so etwa Ernährung, Sport und Wohnen. In ihnen können nicht nur verschiedene Werte zum Ausdruck gebracht und damit individuelle Akzente gesetzt werden, sondern die dabei relevanten Dinge und Praktiken sind auch untrennbar mit den jeweiligen Akteuren verbunden; wie im Fall des Stoffwechsels nehmen sie sogar direkt Einfluss auf die körperliche – und im Weiteren psychische – Verfassung. Damit besteht von vornherein eine gewisse Dringlichkeit, geht es doch um etwas Existenzielles. Man braucht also nicht erst eigens Bekenntnisse abzulegen, vielmehr wirkt schon jede halbwegs ernsthaft vorgetragene Äußerung bekenntnishaft und wird zu einem Statement über Wertefragen.

Da jene Lebensbereiche für Menschen gute Gelegenheiten bieten, sich zu Werten zu bekennen, besitzen Essen, Fitness oder Wohnaccessoires in der heutigen

Gesellschaft einen deutlich höheren Stellenwert als noch vor wenigen Jahrzehnten. Geht es heute etwa um das ›gute Essen‹, ist damit nicht mehr nur gemeint, dass etwas gut schmeckt; vielmehr soll es auch gut für die eigene Gesundheit, gut für die Umwelt, gut für die Gesellschaft insgesamt sein. Statt sich bloß wohlzufühlen mit dem, was man zu sich nimmt, will man auch ein gutes Gewissen verspüren: als ein Mensch, der richtig lebt und ein hoch entwickeltes Sensorium für Werte besitzt – dafür, was ihm und anderen bekommt und was ethisch angemessen ist (wobei zwischen selbstbezogenen und altruistischen Werten einmal mehr nicht unterschieden wird).

Wo und wie bekennt man sich eigentlich zu Werten?

Anständig essen heißt ein Buch der Schriftstellerin Karen Duve, in dem sie 2011 von ihrem »Selbstversuch« berichtet, die richtige Form der Ernährung zu finden. Vieles scheidet für sie von vornherein aus, da es mit Tierquälerei oder hohem Ressourcenverbrauch verbunden ist und damit gegen Werte wie ›Gewaltfreiheit‹ und ›Nachhaltigkeit‹ verstößt. Offensichtlich steht für sie aber außer Frage, dass sie »an dem Tag, an dem ich beschloss, ein besserer Mensch zu werden«, etwas an ihrer Ernährung ändern und nicht etwa in eine Partei eintreten, eine Bürgerinitiative gründen oder für ein humanitäres Projekt spenden muss.[39]

Auch für viele andere Menschen ist es üblich geworden, gerade anhand von Ernährungsfragen ihr Verhältnis zur eigenen Umwelt zu reflektieren und über sich selbst – die eigene Rolle und die eigenen Handlungsspielräume – nachzudenken. Das mündet nicht selten in der Entscheidung für einen bestimmten Ernährungsstil. Damit entlastet man sich von fortwährenden Zweifeln über die eigene Identität und verschafft sich das angenehme Gefühl eines echten Neuanfangs, kann aber auch anderen von der Entscheidung berichten und sich dabei zu ihr bekennen. Je deutlicher man eine Zäsur setzt und je strenger definiert der neue Lebensstil ist, desto mehr besitzt die Entscheidung an sich schon Bekenntnischarakter, gerät gar zur Konfession: Man bekehrt sich zum Veganismus, aber man kann sich nicht in gleicher Weise zu ›Low Carb‹-Ernährung bekehren, da sie relative, keine absoluten Vorschriften umfasst.

Kaum ein Begriff hat in den letzten Jahren eine größere Karriere gemacht als der Begriff ›Ernährungsumstellung‹. Viele berichten davon nicht nur Freunden und Bekannten, sondern nutzen Soziale Medien wie die Video-Plattform *YouTube*, um die Gründe für ihre Entscheidung zu erläutern, die Veränderungen zu beschreiben, die sie infolge ihrer neuen Ernährungsgewohnheiten verspüren, oder auch Reaktionen ihres Umfelds zu schildern. Einige scheinen sich beinahe zu rechtfertigen, als müssten sie sich selbst noch gänzlich überzeugen, andere sehen ihre Aufgabe darin, ihren Zuschauern Mut zu machen, ebenfalls die Ernährung umzustellen.

Wertefragen besitzen gerade bei Jugendlichen einen hohen Stellenwert

Viele der Videos stammen – wie im Fall zahlreicher anderer *YouTube*-Formate – von Teens und Twens, was zeigt, dass Ernährungsfragen schon und gerade in der Phase des Erwachsenwerdens großen Stellenwert besitzen und ein wichtiges Element der Identitätsbildung sind. Es sind auch nicht nur überdurchschnittlich gebildete und politisch, sozial, ökologisch besonders sensibilisierte Jugendliche, die sich gewissenhaft um ihre Ernährung kümmern; das Bedürfnis, über alles, was mit dem eigenen Stoffwechsel zusammenhängt, genau Bescheid zu wissen, hat vielmehr größere Teile der Gesellschaft erfasst. Mittlerweile gehört auch ein auffallend reiches und ausdifferenziertes Vokabular zum Standard, um sich über Inhalts-, Wirk- oder Schadstoffe, über Mechanismen des Metabolismus oder über ökologische Zusammenhänge auszutauschen.

Dass sich hier ein Mentalitätswandel gegenüber früheren Zeiten zeigt, als man hinsichtlich Gesundheit und Umweltschutz ziemlich gleichgültig war und von Laktoseintoleranz so wenig wusste wie von Nachhaltigkeit, überrascht gerade mit Blick auf die Jugendlichen. Wer hätte es noch vor zwei, drei Jahrzehnten für möglich gehalten, dass so viele Heranwachsende ein gesundes und gutes Leben beschwören, statt mit Drogenerfahrungen, Exzessen und Mutproben anzugeben oder mit Ausnahmezuständen und Draufgängertum zu sympathisieren? Überschüssige Kräfte werden nicht mutwillig vernichtet, indem man über die Stränge schlägt, sondern man haushaltet vernünftig damit, hegt und pflegt sie, sorgt sich bei jeder kleinen Übertretung. Und was bei der Frage nach dem richtigen Softdrink beginnt, endet bei der Umstellung auf eine vegetarische, vegane oder paleokonforme Ernährung noch lange nicht.

Für viele ist es etwa auch ein großes Thema, sich über den Stoffwechsel der eigenen Wohnung Gedanken zu machen: Hat man nicht zu viele Dinge, die man nicht braucht, die nicht zu einem passen, die von Wesentlicherem ablenken, deren Besitz daher belastet? Unter einem Schlagwort wie ›Minimalismus‹ finden sich wiederum zahllose Videos, in denen gerade Jugendliche ihre Sensibilität für den Umgang mit Dingen demonstrieren. Sie zeigen, wovon sie sich getrennt haben, machen vor allem aber ihre Ansprüche an ein sinnerfülltes Leben deutlich, in dem es idealerweise nichts gibt, was nichts bedeutet. (»Ich habe angefangen, Vegetarierin zu werden, dann Veganerin zu werden – und Minimalismus ist dann das nächste Thema auf der Liste gewesen.«[40])

Man richtet sein Leben so ein, dass viele Wertbekenntnisse möglich sind

Alles, was man zu sich nimmt und womit man sich umgibt, muss zu einem Leben nach Werten beitragen (»glücklich machen, wertvoll sein, das Leben bereichern«[41]) und als Bekenntnismedium fungieren können. Da das aber ästhetisch-stilistische Qualität voraussetzt, wird Stück um Stück ausgemustert, was zu unspezifisch ist. Die Bestandteile einer Mahlzeit, die Bücher im Regal oder die Kleidung verkörpern idealerweise jeweils allein aufgrund ihrer Erscheinung so stark und klar bestimmte Werte, dass sie ein Wertbewusstsein sowohl trainieren als auch nach außen hin signalisieren.

Umgekehrt wissen Hersteller, dass ihre Produkte in einer auf Werte hin orientierten Gesellschaft kaum Marktchancen haben, wenn sie nicht jeweils gut erkennbar für etwas ganz Bestimmtes stehen. Die Ästhetisierung ganzer Lebensbereiche in den letzten Jahrzehnten ist daher dem Druck geschuldet, wertbewussten, ja wertstolzen Kunden etwas bieten zu müssen, das ihnen allein aufgrund des Aussehens das Gefühl verleiht, damit könnten sie eine bestimmte Werterfahrung machen.

Oft dient ein Design oder eine Materialeigenschaft auch als Ausgangspunkt eines Reflexionsprozesses, mit dem Ziel, die eigenen Werte besser zu erkennen. Wenn gerade Jugendliche solche Reflexionsprozesse öffentlich machen, zeigt das, wie sehr in einer wertethisch orientierten Gesellschaft im Zuge des Erwachsenwerdens eigens erlernt wird, Werte in Lebensbereiche zu integrieren. Wo es früher genügte, Geschmack auszubilden, Wissen zu sammeln und soziale Verhaltensstandards einzuüben, geht es heute auch darum, nach und nach wertebewusster zu agieren und im Umgang mit den Dingen als Instrumenten für Wertbekenntnisse feinfühliger zu werden.

Bewusst nach Werten zu leben ist eine Kulturtechnik geworden

Bewusst nach Werten zu leben ist eine neue Kulturtechnik, die in bestimmten Formaten demonstriert wird. Videos über Ernährungsumstellungen, Minimalismus beim Wohnen oder andere Wertentscheidungen lassen sich daher sogar mit kirchlichen Ritualen wie einer Konfirmation, staatlichen Ritualen wie einer Jugendweihe oder Initiationsritualen wie bei einer Studentenverbindung vergleichen. Jeweils wird damit dem Bedürfnis Ausdruck verliehen, einen neuen Lebensabschnitt zu beginnen, der eine Steigerung gegenüber den vorangegangenen Abschnitten darstellen soll. Das eigene Leben wird als Fortschritts- oder Läuterungsgeschichte empfunden; man genießt das Gefühl, auf dem Weg vom Chaotischen zum Geregelten, vom Uneigentlichen zum Eigentlichen, vom Unklaren zum Integren und damit auch Moralischen ein wichtiges Stück weitergekommen zu sein.

Allerdings hieße es, den Charakter von Ernährungsumstellungen und vergleichbaren Wertentscheidungen zu verfehlen, sähe man in ihnen eine religiöse oder totalitär-ideologische Grundlage. Vielmehr handelt es sich um Entscheidungen, die unabhängig von einer Weltanschauung, unabhängig also davon getroffen werden, wie andere Bereiche des Lebens organisiert sind. Bekehrt sich eine Person zum Veganismus, lässt sich daraus nicht schließen, ob sie einer speziellen Kirche oder einer bestimmten esoterischen Strömung angehört oder welche politische Einstellung sie vertritt. Dafür jedoch eignet sich ein strenges Konzept wie der Veganismus als Bekenntnismedium, um Werte wie ›ökologische Sensibilität‹ oder ›Gesundheit‹ eindrucksvoll unter Beweis zu stellen. Jederzeit aber kann man das Bekenntnismedium wechseln, um dieselben Werte anders zu verkörpern, und genauso lassen sich mit demselben Bekenntnismedium andere Werte zur Geltung bringen.

Wertbekenntnisse sind von Ideologien zu unterscheiden

Wie isoliert ein Ernährungsstil heutzutage praktiziert werden kann, wird im historischen Vergleich deutlich. So gab es im späten 19. und frühen 20. Jahrhundert durchaus ähnlich enthusiastisch vertretene Ernährungsphilosophien und Diäten wie heute, doch standen sie damals in unauflöslicher Verbindung zu religiösen, spirituellen oder politischen Weltanschauungen. Innerhalb der Lebensreformbewegung wurde etwa ein Heilsbegriff propagiert, der Fragen von Ernährung, Körperpflege oder Sexualität in einen historisch-eschatologischen Zusammenhang stellte und darin Elemente eines Erlösungsplans sah, innerhalb dessen die gesamte moderne Zivilisation für überholt erklärt wurde. Zahlreiche Propheten, Religionsstifter, aber auch Künstler der Avantgarde traten mit jeweils eigenen Weltbildern und Programmen auf; darin spielten Ernährungsfragen meist eine Rolle, wurden aber nie unabhängig von anderem behandelt.

Wenn sich heutige Wertbekenntnisse mit religiös-ideologischen Haltungen verwechseln lassen, liegt dies daran, dass sie oft eine Dimension von Verzicht oder Opfer besitzen. Eine Ernährungsumstellung ist umso gelungener, je mehr sie ausschließt, und der Begriff ›Minimalismus‹ signalisiert, dass es nicht darum geht,

Kleiderschrank-Minimalismus zur Steigerung des Wertebewusstseins: »Zwei Äste reichen auch«

ein wenig auszumisten, sondern so viel wie möglich loszuwerden: bis man bei einem Minimum angekommen ist. Der Verzicht soll aber nicht nur die Ernsthaftigkeit der Entscheidung betonen und dem Bekenntnis mehr Autorität verleihen, sondern in ihm wird auch das Bedürfnis zur Methode, sich auf das wirklich Wichtige – also das Wertvollste – zu konzentrieren. Dagegen soll alles, was nicht so bedeutsam ist oder gar als wertschädigend empfunden wird, verbannt werden.

In einer Wohlstandsgesellschaft dient materieller Besitz dazu, immateriellen Besitz zu mehren

Einmal mehr ist es Zeichen einer Wohlstandsgesellschaft, wenn Menschen, umgeben von materiellem Überfluss, umso sorgfältiger darauf achten, was sie auch in einem ideellen Sinn bereichert. Durch Konsum, Gebrauch und Aussonderung von Dingen Werte eigens erleben und zum Ausdruck bringen zu können ist aber vor allem deshalb begehrt, weil sich dann jedes Mal die Doppelerfahrung machen lässt, kreativ und moralisch zu sein. Mit einer Tätigkeit mehreres zugleich erleben und verwirklichen zu können bedeutet aber, eine Fülle zu spüren, ja das eigene Leben zu verdichten. Und nach Verdichtungen zu streben ist das vielleicht markanteste Merkmal einer Wohlstandsgesellschaft, in der materieller Besitz somit nur Mittel zu dem Zweck ist, den immateriellen Besitz zu vergrößern. Dagegen wird in Mangelgesellschaften so viel Materielles wie möglich angehäuft. Werte sind in ihnen vornehmlich noch Güter; sie gewähren innerweltliche Sicherheit, während sie in einer Wohlstandsgesellschaft die Identität dessen, der sich zu ihnen bekennt, steigern und überhöhen.

In der Beschränkung auf das Wichtigste und am meisten Sinnstiftende schwingt oft zudem die Sorge mit, selbst noch zu materialistisch sowie verführbar zu sein. Deshalb gibt es auch Menschen, die, statt nur auszumisten, die gesamte heutige Konsumwelt zu meiden suchen und sich nach rückwärts wenden: in Zeiten vor der industriellen Produktion, als vieles handgemacht und aus natürlichen Materialien gefertigt war und noch ohne Marketing auskam. Allein dass man sich dann mit alten Dingen umgibt, erleichtert es, darin etwas Wertvolles zu erkennen. Zugleich entgeht man durch eine Flucht in die Vergangenheit Fragen nach dem eigenen Wohlstand, muss weder schlechtes Gewissen haben noch sich zu Dankbarkeit verpflichtet fühlen.

Mancher zieht sich aus Sehnsucht nach »mehr Beständigkeit und Wertschätzung« in die Vergangenheit zurück und hofft auf »einen tieferen Sinn im Leben«

In einer Ritualisierung des Umgangs mit Dingen – sei es durch ihre strikte Beschränkung oder durch Techniken wie Upcycling – kann sich aber im Gegenteil auch Dankbarkeit angesichts des eigenen Wohlstands ausdrücken. Materielle Güter so ernst zu nehmen, dass man sie sich einzeln vornimmt, Zeit auf sie verwendet, ihren Stellenwert im eigenen Leben bedenkt und das gar noch auf Fotos oder in einem Video öffentlich dokumentiert, würdigt sie als etwas, das alles andere als selbstverständlich ist.

Wertbekenntnisse können auch von Dankbarkeit zeugen

Bekenntnisse zu Werten brauchen somit nicht zwangsläufig stolz, selbstgerecht, überheblich zu sein. Ihnen kann sogar eine demütige Geste zugrunde liegen. Oder dem Wertstolz ist zumindest ein Moment der Bescheidenheit beigefügt, da der Wohlstand als historische Ausnahmesituation empfunden wird, die viel mehr Glück als eigenes Verdienst ist. Während sich, folgt man dem Philosophen Peter Sloterdijk, »die entscheidende Verdrängung unserer Zeit [...] auf den eigenen Wohlstand bez[ieht]«,[42] könnte der heutige Wertekult also ein erster Versuch sein, sich damit bewusst auseinanderzusetzen: Wer spürt, dass es nicht angemessen ist, angesichts des Wohlstands gleichgültig zu bleiben oder gar überheblich zu werden, will ausdrücklich etwas wertschätzen und als wertvoll empfinden können.

Andererseits könnte eine Dankbarkeit, die als solche bewusst wird, ihrerseits schon wieder eine Quelle für Selbstgefälligkeit sein. Zeigt man damit nicht, wie sensibel man ist, gibt sich ein wenig geläutert – und wähnt sich umso mehr auf der richtigen Seite? Da die Dankbarkeit aber keinen klaren Adressaten hat, bleibt sie unbestimmt und färbt eher auf den Habitus ab, als sich punktuell zu entladen. Dieser wird dadurch noch etwas vorsichtiger, will man sich doch als würdig des eigenen Glücks erweisen und es nicht gefährden. Damit verschwimmen die Grenzen zwischen einer Sorge für andere und der Sorge um sich selbst. Das wiederum steigert nochmals die Sensibilität für Fragen des Stoffwechsels, stärkt Verdachtsmomente gegenüber allem, was maßlos oder exzentrisch sein könnte, und lässt ein gesundes und gutes Leben umso erstrebenswerter erscheinen.

Führt ein Leben nach Werten zu einem Reinheitskult?

Der Philosoph Robert Pfaller hat die Entwicklung hin zu einem von Gesundheit, Reinheit, Maßhalten geprägten Lebensstil, in dem zugleich alles Üppige,

Exzessive, Frivole, Sinnliche als unvernünftig und schmutzig diskriminiert wird, am schärfsten analysiert. Für ihn sind Phänomene wie Rauchverbote im öffentlichen Raum, alkoholfreies Bier oder ›political correctness‹ Symptome einer »sauberkeitsbesessenen ›reinen‹ Vernunft, die ihre Aufgabe allein darin sieht, die Welt von [...] Schmutz zu befreien«.[43] Statt nur für sich selbst um Sauberkeit und Gesundheit bemüht zu sein, versuchen die Vertreter dieses Lebensstils, all diejenigen »gouvernantenhaft« zu maßregeln oder »mit grenzenloser Aggression« zu verfolgen, die nicht nach ihren eigenen moralischen Standards leben.[44] Dass sich hier das Kultivieren von Empfindlichkeit und der Drang zu besserwisserisch-abkanzelndem Auftreten miteinander verbinden, führt Pfaller sogar dazu, vor einer »neue[n] Generation faschistoider Mimosen« zu warnen.[45]

Statt darin jedoch die Folge eines immateriellen Wohlstandsgefälles und, weitergehend, eines Gewissenshedonismus zu sehen, der einer Wertethik entspringt, diagnostiziert Pfaller eine Veränderung im Umgang mit Ambivalentem. Gebe es in vielen Kulturen ein Verständnis vom Heiligen, wonach dieses gerade auch das umfasse, was für den Einzelnen »unheimlich, gefährlich, verboten, unrein« sei und so »eine nicht ichgerechte Dimension« ausweise, so finde gegenwärtig eine »Profanisierung« statt, weshalb Schmutziges nur noch als eklig empfunden und nicht länger toleriert werden könne. Dies deutet Pfaller als »Beschädigung«, sei man doch »offensichtlich [...] nicht mehr in der Lage, die ambivalenten Güter der Gesellschaft zu absorbieren«.[46]

Pfallers These lässt sich aber durchaus mit meinen Schlüssen in Beziehung bringen. Dass für »die ambivalenten Güter« kein Platz mehr ist, heißt ja nichts anderes, als dass nur noch anerkannt wird, was eindeutig wertvoll ist, also einen Wert – wie etwa Gesundheit, Heimat, Freiheit – verkörpert. Alles andere hingegen wird als schädlich auf Distanz gehalten. Sosehr sich unterscheiden mag, was verschiedene Menschen als wertvoll empfinden, so sehr kommen sie darin überein, alles, was nicht dazugehört, aus ihrem Leben und letztlich sogar aus der gesamten Welt verbannen zu wollen. Diese Fixierung auf das rein Gute steht für Pfaller in der Tradition des »Idealismus«, während er es zugleich als »Narzissmus« bezeichnet, dass nur noch akzeptiert wird, womit man sich selbst vollständig identifizieren kann. Da »aus narzisstischer Perspektive« »das Authentische«, »das Selbstgestaltete« und »das Immaterielle« Leitkategorien seien und als überzeugender gälten als die jeweiligen Gegenteile, da also »alles Materielle und Strukturelle wie Stofflichkeit, [...] gesellschaftliche Institutionen [...] als etwas Schmutziges, bloß Äußerliches, zu Überwindendes« erscheinen, liege auch nahe, so Pfaller weiter, dass »diese narzisstische Leidenschaft« zu »einer Predigerin des Verzichts« werde.[47]

Hier kehren zentrale Motive meines Misstrauens gegenüber der Beschwörung von Werten wieder. Man könnte in den ›narzisstischen Idealisten‹ und ›faschistoiden Mimosen‹ diejenigen erkennen, die sich besonders engagiert zu Werten bekennen, weil sie glauben, nur dann zu eigener Identität und Individualität zu gelangen und moralisch gerechtfertigt zu sein. Sie empfinden Genugtuung und Überlegenheit, wenn sie demonstrieren, wie sie nach Werten leben und diese in ihrem Leben verwirklichen.

Gegenwartsanalysen, die ähnliche Phänomene wie den Gewissenshedonismus untersuchen

Während Robert Pfaller denjenigen, die sich mit Bekenntnissen zu Reinheit hervortun, Narzissmus vorhält, verwenden andere dafür lieber den Begriff ›Gutmenschentum‹. Abfällig – mal spöttisch, mal wütend – sprechen sie damit über Menschen, die beflissen darauf achten und Stolz darüber empfinden, immer auf der richtigen Seite zu stehen. Vor allem in politisch rechten Kreisen gelten ›Gutmenschen‹ ihrerseits als ebenso selbstgerecht wie verweichlicht. Weiter sieht man in ihnen Feinde einer stabilen, nach außen hin robusten Gemeinschaft. Die zunehmende Moralisierung von Lebensbereichen und die Sensibilität für Themen und Probleme, die bis vor kurzem noch keine Rolle spielten, werden auch hier als Auswuchs von ›political correctness‹ beklagt.

Gibt es also überhaupt einen Unterschied zwischen ›Gutmenschen‹, ›faschistoiden Mimosen‹ und Gewissenshedonisten?

Dass deren Beschreibungen sich ähneln, dürfte manchen irritieren. Blickt man jedoch etwas genauer auf die Herleitungen der Begriffe, fällt auf, dass unterschiedliche Plots erzählt werden. Daraus folgt auch, dass zumindest ›Gutmenschen‹ und ›Gewissenshedonisten‹ keineswegs Synonyme sind; vielmehr muss jemand, auf den der eine Begriff passt, nicht zwangsläufig genauso mit dem anderen Begriff assoziiert werden. Für mich sind sogar viele derer, die sich daran ergötzen, andere als ›Gutmenschen‹ abzutun, ihrerseits Repräsentanten eines Gewissenshedonismus, zumindest aber verkörpern auch sie eine Werteseligkeit, die in Exzessen von Selbstgerechtigkeit mündet. (Alles andere als paradox ist daher, dass etwa einige der heftigsten Kritiker des ›Gutmenschentums‹ einen Blog publizieren, der sich seinerseits »Achse des Guten« nennt.[48])

Wie unterscheiden sich ›Gutmenschen‹ von Gewissenshedonisten?

Exemplarisch kommt der ›Gutmenschen‹-Plot in zeitdiagnostischen Texten des rechtskonservativen Philosophen Rudolf Brandner zum Vorschein. Für ihn dient etwa die für die Geflüchteten praktizierte Willkommenskultur nur »dem eigenen Gefühlsrausch«; sie ist das »Event« einer »Eitelkeit des Guten«.[49] Weiter ist davon die Rede, die »Gutmenschen« freuten sich »an sich selbst« und empfänden ihr Tun »unmittelbar in der eigenen Brust als moralische Exzellenz«.

Für Brandner stellt das Verhalten der ›Gutmenschen‹ jedoch nichts anderes als eine »Verdrängung der eigenen nihilistischen Sinnkrise« dar. In der Moderne als dem Zeitalter »des Verfalls religiöser Orientierungsparadigmen« brauche es »Ersatz«, den er aber als fahlen Abklatsch des Wahren und Eigentlichen geringschätzt. Zwar erkennt er an, dass die »ökonomische und technologische Überlegenheit« dem »modernen Wohlstandssubjekt« die Mittel dafür bereitstellt, die eigene Tugendhaftigkeit auszuleben, doch die Ursache dafür, dass überhaupt ein entsprechendes Bedürfnis vorhanden ist, sieht er allein in der »existenziellen Ratlosigkeit« eines postreligiösen Zeitalters.

Die Grunderfahrung des heutigen Menschen besteht für Brandner also in völliger Sinnleere – und damit im Gegenteil dessen, was ich behaupte, wenn ich der Gegenwartskultur ein besonders schmeichelhaftes Menschenbild unterstelle, das dazu führt, dass viele ihr Leben als erfüllter und wertvoller empfinden können, als das in früheren Generationen möglich gewesen wäre. Ist für mich gerade der umfassende Rekurs auf Werte eine Garantie für starke Sinnerfahrungen und kann ich diese – eben wegen ihrer Stärke und Alltäglichkeit – nicht zu einem bloßen Phantom, einer notdürftig überspielten Krise herabstufen, hängen Brandner und andere rechte Intellektuelle einem alten antimodernistisch-kulturpessimistischen Geschichtsbild an, wonach ein Verfall der Werte Grund und Ausdruck allen Übels sei.

Auch Robert Pfaller hat eine kulturpessimistische Neigung, wenn er zwar nicht von Nihilismus, aber von Profanisierung, von einer »Tilgung heiliger Orte« spricht, die Ambivalentes binden könnten.[50] Deshalb erkennt er so wenig wie die rechten Antimodernisten die sozioökonomische Dimension der gesellschaftlichen Konfliktlinien und sieht nicht, wie sehr materieller Wohlstand heute zugleich immaterieller Wohlstand – also Sinnwohlstand – ist. Dennoch konstatiert er zu viel Idealismus, während die Antimodernisten nicht einsehen, dass das Problem nicht zu wenige, sondern – im Gegenteil – zu viele und zu starke Werte sind: pausenlos sprudelnde Sinnquellen, die denen, die näher an den Hähnen sitzen, zu eben der Haltung verhelfen, die von den Rechten als »moraltriefender Betulichkeitskitsch« verunglimpft wird.[51] Bis in rechte Subkulturen hinein ist man so fixiert auf den Nihilismusvorwurf, dass etwa auch der »Identitäre Rapper« Komplott davon singt, man stehe heute »vor den Trümmern einer kranken Zeit«, denn »alle Werte sind verloren«.[52]

Gewissenswohlstand und Wertstolz gibt es nicht nur in linksliberalen Milieus

Wer über einen Werteverlust klagt, sieht sich selbst aber in der Rolle des letzten alten oder ersten neuen Verfechters von Werten, betont also das eigene Wertebewusstsein und offenbart seinerseits Wertstolz. Die Identitäre Bewegung vertreibt Aufkleber mit dem Slogan »Unser Land, unsere Werte«, und bei etlichen Aktionen trug man Banner mit derselben oder ähnlichen Aufschriften an Orte, an denen man die eigenen Werte bedroht sieht. Auch bei Pegida-Demonstrationen oder AfD-Parteitagen tauchen Slogans mit dem einmal

Rechter Aktivismus: Die Angst der Identitären Bewegung vor dem Werteverlust

mehr unbestimmten Werte-Plural regelmäßig auf, so als müsse man eine moralische Sonderstellung für sich reklamieren.

Tatsächlich ist es ebenso selbstgerecht, Befürwortern etwa einer multikulturellen Gesellschaft Identitätsmangel, fehlenden Kampfesmut und Moralisierungseifer vorzuwerfen, wie es selbstgerecht ist, jeden geringzuschätzen, der sich nicht schon beim Getränkekauf für Menschen in der Dritten Welt engagiert oder allen Migranten gemäß einem ›principle of charity‹ begegnet. Die Rechten sind allerdings nicht nur ihrerseits voller Überheblichkeit, sie argumentieren vielmehr auch widersprüchlich, wenn sie ihren Opponenten zu wenig Werte, aber zugleich zu viel Moral und ›political correctness‹ unterstellen. Denn woher, wenn nicht aus Werten, sollten die ›Gutmenschen‹ ihren Lifestyle und ihren Drang zum Moralisieren speisen?

Links-alternative Gewissensmilieus und rechte Modernekritiker kommen also darin überein, Werte zur Grundlage allen wahrhaftigen Lebens zu erheben; es verbindet sie der Wunsch, sich selbst als wertvoll, ihre Existenz als gut und gerechtfertigt zu erfahren: Genugtuung zu verspüren. Hipster, die es verstehen, das Gute zugleich als das Coole erscheinen zu lassen, haben ihr rechtes Pendant in Ibstern, die das Ethos alter Studentenverbindungen in Formen von mediengerechtem Aktivismus wiederaufleben lassen. Beide Milieus haben eigene Produktwelten, von T-Shirts bis hin zu ›functional food‹, und sie unterscheiden sich nur hinsichtlich der Modi der Sinnschöpfung und des Wertempfindens. Für die einen ist ›Pluralismus‹ ein so hoher Wert wie für die anderen ›Heimat‹, die einen träumen von einer Aufhebung aller Grenzen, für die anderen gibt es nichts Wichtigeres als Grenzen.

In einer wertethisch orientierten Gesellschaft ist der Gegensatz von ›links‹ und ›rechts‹ weniger prägend als der von ›arm‹ und ›reich‹

Damit aber ist der Gegensatz zwischen ›links‹ und ›rechts‹ weniger prägend als der zwischen ›arm‹ und

›reich‹ – also der zwischen Menschen, die damit zu tun haben, ihre materiellen Lebensgrundlagen zu sichern, und anderen Menschen, die über genügend Ressourcen verfügen, um sich tagtäglich um ihr Gewissen kümmern, zu Werten bekennen und das eigene Agieren und Konsumieren als sinnstiftend empfinden zu können. Wer nichts Besseres zu tun hat, als sich über einen Werteverlust zu erregen, dürfte selbst in den meisten Fällen darüber hinaus sein, sich materielle Sorgen machen zu müssen, gehört also seinerseits zu denjenigen, die vom Wohlstand überdurchschnittlich profitieren. ›Gutmenschen‹ und Antimodernisten sind, sosehr sie sich wechselseitig verachten, vereint darin, mit moralischem Hochmut auf alle herabzublicken, für die das Leben mehr aus Notdurft denn aus Sinn besteht. Ihnen ist daher nicht zu trauen, wenn sie versprechen, die Interessen der Ärmeren ernst zu nehmen und durchzusetzen.

Aber heißt es nicht, politische Extreme zu verharmlosen, wenn man die Werte, auf die sich deren jeweilige Vertreter berufen, für gesellschaftlich weniger gefährlich hält als das Sich-auf-Werte-Berufen als solches? Und sind Dünkel und Selbstgerechtigkeit, wenn sie auch durch Wertstolz begünstigt sein mögen, nicht allgemeinmenschliche Eigenschaften, die zu jeder Zeit und in jeder Kultur auftreten? Warum sollten sie gerade heute schwerer wiegen als sonst? Oder existieren historische Vergleichsbeispiele dafür, was passieren kann, wenn es für – einige – Menschen zu einfach wird, sich und ihr Handeln als durch und durch gerechtfertigt, als moralisch einwandfrei zu erleben?

Für mich liegt es nahe, in den Entwicklungen, die zum Protestantismus geführt haben, ähnliche Motive zu erkennen wie in der wertethisch orientierten Gegenwartsgesellschaft. Bekanntlich entstand der Protestantismus, nachdem es üblich geworden war, das Seelenheil zu kommerzialisieren, also ebenso einfache wie zugleich an materielle Voraussetzungen geknüpfte Möglichkeiten zu nutzen, um sich im Zustand göttlicher Gnade zu fühlen und die eigene Existenz als gerechtfertigt zu erfahren.

Die Kritik an der Wertethik lässt sich in die Tradition des Protestantismus einordnen

Die Art und Weise, wie sich der Protestantismus im 16. Jahrhundert gegen Ablasshandel und Werkheiligkeit stellte, aber auch die Lehre der Transsubstantiation bestritt und den damals herrschenden Umgang mit sakralen Bildwerken verurteilte, könnte als Präzedenzfall einer Kritik erkannt werden, die sich heute gegen Wertstolz und das daraus folgende gute Gewissen wendet. So empfanden es die Protestanten als ebenso bequeme wie in ihren Konsequenzen gefährliche Vorstellung, dass Gläubige durch gute Werke, Geld oder direkte Kontakte zu vermeintlich Heiligem, letztlich also durch weltliche Aktivitäten und materiellen Einsatz mit Gott ins Geschäft kommen und in einen Heilszustand gelangen sollten. Im Gegenzug behaupteten sie die völlige Unvereinbarkeit zwischen Materiellem und Immateriellem und errichteten eine strikte Grenze zwischen der irdischen Welt und dem Reich Gottes.

Ein – materielles – Bildwerk anzubeten, weil man heilige – überirdische – Kräfte in ihm vermutet, ist also ebenso verfehlt wie die Erwartung, im Abendmahl verwandelten sich normales Brot und gewöhnlicher Wein in den Leib und das Blut Christi und würden zum Wohl der Gläubigen spirituell aufgeladen. Und damit zu rechnen, dass ein paar gute Werke Einfluss auf die eigenen Erlösungschancen hätten, man dafür also unmittelbar belohnt werde, hieße nicht nur, jedes Handeln einem Heilsnutzen-Kalkül zu unterziehen, sondern bedeutete vor allem, Gott auf einen Buchhalter zu reduzieren, der jedes Verhalten pingelig notiert und bilanziert. Für einen Protestanten ist jede Form von Austausch zwischen beiden Welten grundsätzlich ausgeschlossen; für einen wie auch immer gearteten Deal mit Gott – ein Kommerzium – fehlt jegliche Grundlage.

Aber waren das nicht theologische Debatten, während die Auseinandersetzung über Werte gar keine religiöse Dimension besitzt, es in ihr also nicht um das Verhältnis zwischen einer diesseitig-materiellen und einer göttlichen Welt geht? So ist es doch nur metaphorisch zu verstehen, wenn eine Person, die ihre Sportschuhe auf der Grundlage von Werten kauft, gutes Karma für sich in Anspruch nimmt. Statt ernsthaft zu erwarten, nach dem Tod dafür belohnt zu werden, will sie im Hier und Jetzt das Gefühl genießen, etwas Gutes getan zu haben. Zwar hält man Moralkonsumenten gern Ablasshandel vor (auch ich habe das schon getan),[53] doch kommt darin letztlich nur eine vage Abneigung gegen die Idee zum Ausdruck, mit dem Einsatz von Geld könne man sich moralisch qualifizieren. Eine solche Kritik aber ist noch lange nicht protestantisch, denn wer heute Ablasshandel vorwirft, fordert meist zugleich, man müsse mehr – Zeit, Energie, Mut – einsetzen, um gute Gefühle, gar gutes Gewissen erwarten zu können. Damit aber bleiben Handelslogik und Werkheiligkeit in säkularisierter Weise in Kraft, nur dass die Leistung für dieselbe Gegenleistung größer oder anderer Art sein muss. Und sollte es wirklich angebracht sein, eine solche Logik im Umgang mit Werten zu verabschieden, obwohl es gar nicht um das Verhältnis zwischen irdischer und göttlicher Sphäre geht?

Statt im Protestantismus die theologische Empörung über die Herabwürdigung Gottes zu einem Handelspartner zu erkennen, kann man ihn jedoch genauso als gesellschaftspolitisch begründetes Phänomen deuten.

Die Reformation ist dann die Bewegung, die den sozialen Frieden durch ein Religionsverständnis gefährdet sah, das es Reichen und Mächtigen viel eher als Menschen mit schlechteren ökonomischen Voraussetzungen erlaubte, Heilsgewissheit zu erlangen, weil nur sie im großen Stil mit Gott handeln und als Käufer von Ablassbriefen oder Stifter von Kirchen auftreten konnten. Nachdem die prekäre Stellung des ›gemeinen Mannes‹ schon während des 15. Jahrhunderts häufig beklagt worden war und Ereignisse wie Hexenprozesse, Judenpogrome oder Weltuntergangsprophezeiungen ausgelöst oder zumindest begünstigt hatte, eröffnete erst die Verknüpfung sozialpolitischer und religiöser Motive eine neue Perspektive.[54] Der Ablass werde »um der unvollkommenen und faulen Christen willen« propagiert, beklagte Martin Luther im Jahr 1518, »die sich nicht freudig in guten Werken üben oder die frei von Leiden sein wollen« – die auf einem konfektionierten und sicheren Weg ihr gesellschaftliches Ansehen und Selbstwertgefühl zu erhöhen suchten, um infolgedessen selbstbewusster auftreten, sich anderen überlegen fühlen und daraus nochmals größere Machtansprüche ableiten zu können.[55]

Der Protestantismus versuchte, die Überführung von materiellem Wohlstand in immateriellen Wohlstand zu verhindern

Die vielen Ärmeren hatten schlechtere Chancen, in den Stand der Gnade zu gelangen. Zwar konnten sie gute Werke tun oder hoffen, durch die Anbetung von Heiligenbildern oder beim Abendmahl, in der Vereinigung mit dem Leib Christi, doch noch genügend Heilssubstanz zu sammeln, um von jenseitigen Höllenqualen verschont zu bleiben. Aber zu wirklicher Heilsgewissheit reichte es fast nie, vielmehr wuchs nicht nur die soziale Ungleichheit zwischen den Schichten der Gesellschaft, sondern auch eine allgemeine Unruhe, da jedes Tun in den Sog jener Handelslogik geriet und daraufhin taxiert wurde, ob und wie es die Erlösungschancen steigen ließe.

Der Protestantismus lässt sich daher als Versuch interpretieren, die Menschen von dem Druck zu befreien, immerzu Bonuspunkte sammeln und Heil als Leistung begreifen zu müssen. Zugleich hat er ihnen aber die Möglichkeit genommen, sich durch einen Deal mit Gott von Schuld freizukaufen und sich infolgedessen als gut, gerecht, auserwählt zu erfahren. Indem der Protestantismus vielmehr proklamierte, gerecht könne man allein durch den Glauben werden (›sola fide‹), machte er ›tabula rasa‹ und sorgte, was Heilsfragen anbelangt, für absolute Chancengleichheit unter allen Menschen.

In Reaktion auf diese Zerstörung der Infrastruktur diesseitiger Heilsgewinnung verbreiteten sich gerade unter Menschen, die sich davor in spiritueller Sicherheit wähnten, Gefühle von Nichtigkeit. Der Unruhe, überall die Gelegenheit zu Geschäften mit Gott zu wittern, folgte eine andere Unruhe, ausgelöst von der unüberwindlichen Ungewissheit, ob man denn selbst ganz im Glauben war und auf göttliche Gnade hoffen durfte. Es war die große Leistung Max Webers, nachzuzeichnen, wie der Verlust der Werkheiligkeit innerhalb des Protestantismus – vornehmlich im Calvinismus – durch eine »konsequente *Methode* der ganzen Lebensführung« aufgefangen wurde, eine Systematisierung des Handelns also sekundär eine – wenn auch vor allem materielle – Sicherheit wiederherstellen sollte, was im Weiteren dem Rationalismus und der Industrialisierung, schließlich dem Kapitalismus zur Macht verhalf.[56]

Was aber wäre, würde man zum Protest gegen die Wertethik aufrufen, weil man sie dafür verantwortlich macht, dass sich erneut einige Milieus der Gesellschaft mit zu viel Stolz und Selbstbewusstsein ausstatten? Weil man befürchtet, dass unter dem Bann der Werte jedes Handeln daraufhin verrechnet wird, wie gut man sich damit als großartiger Mensch in Szene setzen und einem Gewissenshedonismus frönen kann. Weil man dem Philosophen Norbert Bolz darin zustimmt, dass, blickt man mit den Augen Luthers oder eines anderen Protestanten auf die Gegenwart, »das gute Gewissen [...] die teuflischste Erfindung« ist. Weil man auch seine Sorge teilt, dass diejenigen, die sich ihres guten Gewissens sicher sind, »alle anderen Menschen anklagen und verurteilen« können.[57] Weil man also befürchtet, dass umgekehrt kaum Anerkennung findet, wer bei den Ritualen des Bekennens zu Werten nicht mitmacht oder nicht mitmachen kann. Weil man sich nicht damit abfinden will, dass die Kultur insgesamt zu einem eitlen Parcours lauten Demonstrierens und Manifestierens von Werten gerät und schließlich zu einer aggressiven Bekenntniskultur wird.

Parallelen zwischen Ablasshandel und Wertbekenntnissen

Allgemeiner geht es hier wie im Protestantismus um die Frage, was es bedeutet, wenn Menschen Instrumente in die Hand bekommen, die es ihnen ermöglichen, sich von Schuldgefühlen und Selbstzweifeln weitgehend freizumachen und sich dafür als rundum gut, gerechtfertigt und entsprechend selbstsicher zu erfahren. Waren ehedem der Ablasshandel oder die Heiligenverehrung solche Instrumente, so sind es heute Formen des Bekenntnisses zu Werten. Und sofern daraus ein Gewissenshedonismus wird, ist mit Gegenaffekten zu rechnen. Nimmt nicht eine Abkürzung und verletzt damit Spielregeln, wer so einfach, gar konsumistisch konfektioniert, Schuldgefühle und selbst die letzten Zweifel loswird und gar noch gegen Moraldünkel eintauscht? Diese Verletzung mutet umso gravierender an, je deutlicher die Bekennenden Privilegien – Geld, freie Zeit, inszenatorische Fähigkeiten, Bildung, gute Kontakte – nutzen, um sich moralisch zu rechtfertigen und über alle zu erheben, denen weniger Mittel zur Verfügung stehen.

Gibt es Gegenbewegungen zum Gewissenshedonismus?

Doch sollten solche Gegenaffekte heutzutage wirklich verbreitet sein? Sind sie nicht vielmehr die Ausnahme, so dass sich keineswegs von einer neuen protestantischen Welle sprechen lässt? Ja, ist meine Diagnose vielleicht durch persönliche Empfindlichkeiten verzerrt? Oder ist sie einfach nur Teil einer Mode, mit der in intellektuell-feuilletonistischen Milieus auf das Erstarken populistischer Strömungen reagiert wird? Gerade nach dem Wahlsieg Donald Trumps im Herbst 2016 häuften sich Artikel, deren Autoren sich und das linksliberal-alternative Bürgertum halb entschuldigend einer »Arroganz aus Versehen« bezichtigten[58] oder, etwas schärfer, von einer »moralische[n] Zweiklassengesellschaft« sprachen, um die Moralelite aufzufordern, sie solle »dazulernen und die Abgehängten anhören und ernst nehmen, ohne sie abzuwerten«.[59]

In den Online-Kommentaren zu dem hier zitierten Artikel von Ulf Poschardt wurde die Vokabel ›Abgehängte‹ allerdings ihrerseits als »arrogant und weltfremd« kritisiert.[60] So ist zu fragen, ob und wie diejenigen, die vielleicht selbst nicht frei von Allüren guten Gewissens sind, angemessen über Menschen sprechen können, von denen sie, genau genommen, nicht einmal wissen, ob und wie sie solche Allüren wahrnehmen, ob sie sich dadurch zurückgesetzt fühlen oder ob sie gar keine Meinung dazu haben. Alternative Begriffe, die im Zuge vergleichbarer Diagnosen verwendet wurden – etwa die »Ausgeschlossenen«[61] oder die »Anteilslosen«[62] –, sind jedoch auch nicht besser.

Die Rap-Kultur als Beispiel eines Protests gegen wertstolze Milieus

Die in ihnen zum Vorschein kommende Unsicherheit ist ein Hinweis darauf, dass offenbar kaum direkte Auseinandersetzungen zwischen Angehörigen verschiedener Moralmilieus stattfinden. Doch gibt es innerhalb der Gegenkultur sehr wohl Formate, in denen der Frust derer zum Thema wird, die sich nicht mit dem Zelebrieren von Werten identifizieren können. Besonders deutlich wird dies in einigen Strömungen der Rap-Kultur. Deren Songtexte sind oft sozialkritisch und beklagen Chancenungleichheit und Diskriminierung, ferner verletzen sie Standards der Moralelite, wenn sie etwa Frauen oder Homosexuelle herabwürdigen. Schließlich feiern sie einen blanken Materialismus und stellen sich damit direkt gegen den Idealismus von Werten oder interpretieren diese im Gegenzug offensiv als teure, luxuriöse Statussymbole.

Der Rapper Kollegah macht sich in seinem Song »Kool & The Gang« (2015) lustig über Menschen »mit moralischen Werten / Die sozialkritisch werden / Nur weil für meine Mäntel mehrere Dutzend Polarfüchse sterben«.[63] Auch sonst besteht sein Song aus Reizthemen und soll die guten, mimosenhaften, gewissensbesorgten Moralbürger schockieren. Es geht um Zuhälterei und Drogendeals, um Schießereien und wilde Autofahrten; der Rechtsstaat wird als viel zu weich verhöhnt, dafür gilt das Recht des Stärkeren: »Ihr haltet Peacezeichen hoch, ich halte Schießeisen hoch«. Er könne »den Clowns kein'n Hauch Respekt erbringen / Als wären sie Frauenrechtlerinnen«.[64]

Ähnliche Motive tauchen beim Rapper PA Sports auf, der einem Song sogar den Titel »Meine Werte« (2015) gab. Darin prahlt er damit, wie viel Geld, was für tolle Autos und wie teure goldene Uhren er besitzt. Das sind seine Werte, wobei ihm jedoch klar ist, dass all der äußere Reichtum andere Bedürfnisse kompensiert: »Wir jagen die Million, es lindert unsren Schmerz / Von außen sind wir reich, doch im Innern sind wir leer / Ich halte fest an meinen Werten!«[65] Anders als Kollegah leidet er darunter, nicht zu den Menschen mit ›inneren Werten‹ zu gehören, ist aber auch stolz und selbstbewusst genug, um dazu zu stehen, dass in seiner Welt nur Protz zählt. Er bezeichnet sich selbst als »eiskalter Engel« (so der Titel seines Albums) und ist damit die direkte Gegenfigur zu den ›faschistoiden Mimosen‹: höchst unempfindlich und mitleidlos, kein Weichei, aber doch jemand, der ein Ethos besitzt und seine eigenen Leute und Mitstreiter unterstützen will.

Noch klarer als die wertstolzen Moralisten trennt PA Sports zwischen Freund und Feind – und reagiert auf die Selbstgerechtigkeit, die ihm und seinesgleichen begegnet, ebenfalls mit Überheblichkeit, wenn er etwa feststellt: »Ich bin ein waschechter Rapper und kein YouTuber«.[66] Letztere sind verzärtelte Figuren, die noch nicht kapiert haben, dass »Du [...] nicht weiter[kommst] mit 'nem großen Herz«.[67] Zielsicher trifft er in fast jedem Song einen Schmerzpunkt der Gewissenshedonisten, so wenn er einmal »Karma is' ne Bitch«[68] und ein anderes Mal »Das Leben kann so schwer sein: Rolex oder Hublot?« singt.[69]

Können entgegengesetzte Milieus der Gesellschaft sich nur noch verachten?

Dass die Haltung vieler Rapper zwischen aggressiver Ablehnung der wertorientierten Zivilisation und Trauer, ja Wut darüber, dieser nicht anzugehören, schwankt, verleiht ihnen eine Schlüsselrolle. Sie helfen vielen Menschen sowohl dabei, mit ihrer unterprivilegierten Rolle fertigzuwerden und ein eigenes Klassenbewusstsein auszuprägen als auch ihre Minderwertigkeitsgefühle in Überlegenheits-, gar in Allmachtsphantasien zu wenden. Die Geringschätzung durch diejenigen, die auf ihre Moralität und Kreativität stolz sind, erwidern sie mit einer ebenso stolzen Verachtung. Diese speist sich aus der Überzeugung, dass sie im Unterschied zu den Werte-Predigern ehrlich – keine Heuchler – sind, wenn sie das Leben ausschließlich als Kampf um Macht, Geld und Statussymbole darstellen.

Doch ist die Haltung der Rapper und ihrer Fans deshalb noch keineswegs neo-protestantisch. Denn obwohl die Songs aus Erfahrungen von Ungerechtigkeit und Benachteiligung hervorgehen mögen, scheinen die Angehörigen des Rapper-Milieus nicht daran interessiert, ihrerseits auch endlich in gutem Gewissen schwelgen zu können. Die Protestanten hingegen trieben dieselben Heilssehnsüchte um wie die Gläubigen, die auf Ablasshandel und Werkheiligkeit setzten. Beide Gruppen hatten dieselben Ziele. Im Vergleich dazu ist die heutige Gesellschaft pluraler; das gute Gewissen ist nur in einigen Milieus heiß begehrt.

Vielleicht wirkt das entspannend, da diejenigen, die sich schwerer damit tun, nach Werten zu leben, dies auch nicht als frustrierend erfahren – außer es wäre ihnen heimlich doch daran gelegen. Schlimmer ist für sie der Dünkel derer, die gutes Gewissen für sich reklamieren. Dass sie daraufhin aber Strategien entwickeln, um sich ihrerseits mit gesteigertem Selbstbewusstsein auszustatten, führt zu einem eigenständigen Lebensentwurf. Damit kommt es zu Parallelgesellschaften, deren Mitglieder sich wechselseitig verachten, aber auch ignorieren. Man geht sich, soweit möglich, aus dem Weg, statt sich – wie ehedem Protestanten und ihre Gegner – zu bekämpfen.

Damit ließe sich leben, wenngleich keineswegs sicher ist, wie es sich auswirkt, wenn in einem Staat auf Dauer gänzlich unterschiedliche Vorstellungen darüber existieren, was moralisch ist. Außerdem stellt sich die Frage, ob die parallelen Milieus nicht doch aufeinander bezogen sind – und es auch bleiben. So hege ich den Verdacht, dass eine Szene wie die der Rapper ihre Identität erst dadurch erlangt hat, dass das Milieu der Moralbürger sich mit seiner Selbstgerechtigkeit als Feindbild geradezu aufdrängt. In demonstrativen Bekenntnissen zu Werten könnte so viel Provokation stecken, dass es zwangsläufig zu Gegenbewegungen kommt.

Sind wirklich Wertbekenntnisse das Problem?

Aber sollten Wertbekenntnisse wirklich provokanter als andere Meinungsäußerungen und Handlungen sein? Oder sind sie nicht eher eine zeitgenössisch verbreitete Praxis, durch die sich die Gesellschaft differenziert, während dasselbe zu anderen Zeiten etwa durch Ideologien oder Religionen passierte?

Solche Fragen lassen sich erst beantworten, wenn klarer wird, was es eigentlich bedeutet, Werte zu formulieren und sich zu ihnen zu bekennen. Dazu sollte man nutzen, was in der Geschichte der Wertphilosophien zu finden ist, um zurückzuverfolgen, wann und wie die Werte zu einem Instrument der Pauschalabsolution wurden oder sich als Selbstbewusstseinsakkumulatoren erwiesen.

Ein Rückblick auf die Geschichte der Wertphilosophie

Anders als bei Nietzsche, für den die Werte geniale Schöpfungen und damit Werke, gar Meisterwerke darstellen, anders auch als bei zeitgenössischen Philosophen, die Werte als ›regulative Fiktionen‹ und damit ihrerseits als Artefakte definieren, wird in mehreren Wertphilosophien aus den ersten Jahrzehnten des 20. Jahrhunderts versucht, ihnen eine ontologisch stabilere Fundierung zu geben. »Werte können nicht geschaffen oder vernichtet werden«, heißt es bei Max Scheler, auf dessen 1916 erstmals publizierte Wertethik auch nachfolgende Entwürfe, etwa von Nicolai Hartmann, aufbauen.[70] Für sie sind Werte a priori gegeben: Man erfasse zuerst die jeweilige »Wertnuance« dessen, was einen umgebe, noch bevor man es erkannt und analysiert habe; man verspüre in sich selbst »die ›Bereitschaft‹, z. B. ›Opfer zu bringen‹, oder gegen Menschen ›wohlwollend‹ zu sein, ohne noch die *Objekte* im Auge zu haben, an denen wir dies tun wollen und ohne noch die *Inhalte* der Opfer und der wohlwollenden Handlungen zu besitzen«.[71] Werte sind also von vornherein leitend, doch muss das Stadium der Unbestimmtheit überwunden werden. Das aber heißt wiederum, dass eine Gestaltungsleistung zu vollbringen ist. Es verschiebt sich gegenüber Nietzsche lediglich der Ort, an dem der Mensch als schöpferisches Individuum wertebildend auftritt. Nun verlangt es Begabung, Willenskraft, Spürsinn – insgesamt also Kreativität –, um den zuerst nur empfundenen Wert umzusetzen und real werden zu lassen – indem etwa die passenden Objekte gefunden werden, an denen sich dieser Wert ausdrücken und zur Geltung bringen lässt.

Gerade weil Werte apriorischen Charakters sind, bedürfen sie der Realisierung in der jeweiligen Lebenssituation. Doch sogar noch vor der konkreten Manifestation eines Wertes, nämlich beim bewussten Erspüren jener vorgelagerten Wertnuancen, braucht es gestaltend-modellierende Kräfte. Je nachdem, wohin und wie stark sich die Aufmerksamkeit entwickelt, folgt der Mensch nicht nur, so Scheler, seinem

> »Wertfühlen [...], sondern schreitet ihm als sein *Pionier* und Führer voran. Insofern kommt ihm zwar nicht für die an sich bestehenden Werte überhaupt, aber doch für den Kreis und Inbegriff der jeweilig [...] fühlbaren und vorziehbaren Werte eine *›schöpferische‹* Leistung zu.«[72]

Im Weiteren wird die Gesinnung als »der ursprünglichste Träger des sittlichen Wertes« entscheidend. Scheler spricht von der »Wertmaterie der Gesinnung«; mit ihr »durchdringt« die Gesinnung alle »Stufen der Handlung« und kommt darin schließlich »wahrhaft zur *Erscheinung*«.[73] Entsprechend kann sie in einer Handlung *»erschaut«* werden, während Werte für sich »bildlos« sind.[74] Damit sich ein Ziel verfolgen lässt, hat somit eine »Bildkomponente« die »Wertkomponente zu realisieren«.[75] Das jedoch gelingt keineswegs immer; vielmehr analysiert Scheler etliche Situationen, bei denen sich zu einem Wert kein passender Bildinhalt findet oder in denen es aufgrund von Ablenkungen nicht gelingt, den »Bildinhalt zu entfalten«.[76]

Jemand spürt etwa den Wert ›Hilfsbereitschaft‹, besitzt also den Drang, anderen zu helfen, hat aber noch keine passende Gelegenheit dafür gefunden. Die Wertkomponente liegt dann so lange brach, bis eine Situation eintritt, in der Hilfe geleistet, der Wert also gelebt und durch eine Bildkomponente in einem Handeln sichtbar wird. Die handelnde Person kann für andere wiederum zum Vorbild werden; sie nehmen sich dann desselben Wertes an. Damit er im Handeln der vorbildhaften Person aber eigens erfasst und weiter wirksam werden kann, braucht es ebenfalls schöpferische Fähigkeiten, nämlich einen »große[n] Werkmeister« und »plastischen Bildner«, der »aus dem Gemenge von empirischen Einzelheiten heraus – gegebenenfalls nur an *einer* Handlung, ja *einer* Ausdruckgeste – die Linien ihres Wertwesens herauszuschauen und herauszuarbeiten vermag«.[77]

Für Max Scheler müssen sich Werte ›realisieren‹ – er denkt das in Analogie zu Werkprozessen

Auf allen Ebenen denkt Scheler, wie zahlreiche weitere Formulierungen belegen, das Umsetzen von Werten also in Analogie zu Gestaltungs- und Werkschöpfungsprozessen. Ihnen liegt eine »verstehende Liebe« zugrunde,[78] sei es, dass diese sich auf die Welt richtet und so »ein Aufquellen« ihres Reichtums, »ein Aufglänzen immer neuer und neuer Werte« auslöst, sei es, dass sie einem vorbildhaften Menschen gilt und sich an dessen Handeln entzündet.[79] Durch die Liebe – nur sie ist für Scheler »schöpferisch« – gelingt es, Wertgefühle zu Gestalt zu bringen, und nur sie ist stark genug, um widrige Umstände auf dem Weg dorthin zu meistern.[80]

Da im Zusammenhang mit Werten kaum eine andere Vokabel häufiger bei ihm auftaucht als ›realisieren‹, ist man versucht, an französische Maler des 19. Jahrhunderts zu denken, unter denen es ebenfalls üblich war, ihre künstlerische Aufgabe als eine ›réalisation‹ zu bezeichnen. Schon bei Eugène Delacroix, dann bei den Impressionisten und am prominentesten bei Paul Cézanne finden sich solche Äußerungen geradezu beschwörungsartig, wobei meist unscharf bleibt, was genau zur Realisierung ansteht.[81] Mal geht es um die Umsetzung und Vollendung eines künstlerischen Ideals, mal um das Finden einer bildnerischen Repräsentation der dargestellten Welt, mal darum, mit dem Kunstwerk eine eigene Wirklichkeit zu schaffen. In allen Fällen jedoch – und das verbindet den Kunstdiskurs mit Schelers Verwendung desselben Ausdrucks – wird unter der Realisierung ein Verwirklichen und damit ein Wirksam-Machen verstanden: Erst wenn ein Wert bildhaft wird und erst wenn in einem Werk etwas zur Gestalt kommt, kann davon eine Wirkung ausgehen. Ein Wert, der nicht realisiert wird, bleibt bloßes Gefühl; er teilt sich nicht mit und ist folgenlos, ja nichtig. Und in einem schwachen Kunstwerk wird nichts so real, dass es Betrachter zu bewegen vermag.

Auf die Frage, was es heißt, ein Werk zu realisieren, antwortete der Kunsthistoriker Alois Riegl mit einer eigenen Theorie. Am Ende des 19. Jahrhunderts führte er ausgehend von der Erfahrung, dass bei einer künstlerischen ›réalisation‹ Widerstände zu überwinden sind, sie dem Material und seinen Eigenschaften, den technischen Möglichkeiten oder den Lebensumständen also immer erst abgetrotzt werden muss, den Begriff des ›Kunstwollens‹ ein. Er bestimmte es als »ästhetischen Drang«,[82] der »sich im Kampfe mit Gebrauchszweck, Rohstoff und Technik durchsetzt«.[83] Leitend bei jeglicher Gestaltung sei der Wunsch des Menschen, seine

»Weltanschauung« zum Ausdruck zu bringen und auf eine »befriedigende« Umwelt zu blicken: Im Kunstwollen gelange »die Art und Weise zum Ausdruck, wie der Mensch jeweilig die Dinge gestaltet oder gefärbt sehen will«.[84]

Da Riegl jede Gestaltungsleistung als Kraftakt denkt, betreibt er eine Heroisierung des Ästhetischen; da er dem Kunstwollen aber zugleich den Rang einer anthropologischen Konstante zuspricht und es auf eine Stufe mit dem Geschlechtstrieb oder dem Überlebenswillen stellt, attestiert er jedem Menschen schöpferisches Vermögen. Und sofern alles, was gestaltet wird, Ausdruck eines in sich seinerseits wandelbaren Kunstwollens ist, sind grundsätzlich auch alle Artefakte gleichrangig. In ihnen drückt sich jeweils aus, was dem Menschen als wichtig und gut erscheint. Man könnte auch sagen: In ihnen kommen Werte zur Geltung.

Max Schelers Wertbegriff im Vergleich mit dem Konzept des ›Kunstwollens‹ von Alois Riegl

Übersetzt man dies in Schelers Kategorien, ließe sich das Kunstwollen als ein Bereich des apriorischen Wertgefühls identifizieren: als der Bereich, in dem es um ästhetische Werte geht. Tatsächlich nimmt Scheler in seiner Wertethik Bezug auf Riegls Theorie. Er lobt ausdrücklich, dass man »in der historischen Kunstwissenschaft endlich beg[o]nnen« habe, »die typischen Grundformen« des »künstlerisch-darstellerischen Eindringens in die Anschauungswelt«, das »durch eine bestimmte Struktur des ästhetischen Werterlebens« geleitet sei, »zu scheiden von den auf wechselndem Können, auf dem Stand der künstlerischen Technik und der vorhandenen Materialien, sowie der jeweilig durch Ethos und Weltanschauung der Herrschenden bestimmten, durch die Kunst zu verherrlichenden Gegenstände«.

Führen diese limitierenden und prägenden Faktoren zu immer wieder anderen Realisationen des seinerseits sich wandelnden ästhetischen Wertgefühls, die innerhalb der Kunstwissenschaft als Stilgeschichte erfasst werden, so leitet Scheler daraus die Forderung ab, ebenso die wechselnden Manifestationen des moralischen Wertgefühls, also den »sittlichen Wandel des Ethos« sowie dessen »Unterschiede der Anpassung« in den Blick zu nehmen.[85] Da das Wertgefühl für ihn wie das Kunstwollen nicht beliebig steuerbar ist, es also so wenig ethischen Relativismus wie stilistische Beliebigkeit gibt, ist auch im Ausdruck von Wertgefühlen zu jeder Zeit nur weniges möglich. Dies historisch zu erfassen hieße, eine Stilgeschichte der Handlungen und Realisationsweisen von Werten zu rekonstruieren. Nichts weniger als das regt Scheler an und bringt verwirklichte Werte damit einmal mehr auf eine Stufe mit Artefakten.

Max Scheler und Alois Riegl denken Werte bzw. Werke im Geist des Expressionismus

Dass umgekehrt Artefakte als etwas verstanden werden, worin sich ein Kunstwollen oder ein Wertgefühl ausdrückt, bezeugt eine enge Verwandtschaft zwischen Riegls Kunsttheorie und Schelers Moralphilosophie. Dürfte diese Verwandtschaft dadurch begünstigt sein, dass beide kurz nacheinander entstanden sind, so lassen sie sich zugleich – und am besten – aus dem um 1900 aufkommenden Geist des Expressionismus begreifen. Maßstab für alles Tun und Gestalten ist demzufolge, wie stark und rein Mentalität und Empfinden eines Individuums zum Ausdruck gelangen. Ein expressionistisches Kunstwerk hat nicht vorgegebenen, allgemeingültigen Schönheitsidealen zu entsprechen, es hat auch keine äußere Wirklichkeit objektiv nachvollziehbar wiederzugeben, sondern es soll eine momentane Befindlichkeit markant zur Geltung bringen. Herwarth Walden, selbst Hauptprotagonist des Expressionismus, hat dafür die Formel gefunden: »Der Künstler schafft nicht den Eindruck von außen, er schafft den Ausdruck von innen.«[86]

Übertragen auf das Feld der Moral bedeutet das, dass Handlungen nicht danach zu beurteilen sind, ob sie einer Tugend oder Pflicht entsprechen oder verallgemeinerbar sind, sondern ob darin ein Wertgefühl so stark manifest wird, dass sich die individuelle Persönlichkeit des Handelnden erkennen und würdigen lässt. Für Scheler kann ein Verhalten nur dann moralisch sein, wenn es aus der spezifischen Situation heraus erwächst, in ihm also der jeweils verfügbare Gestaltungsspielraum bei der Realisierung eines Wertes genutzt, dieser somit nachdrücklich durchgesetzt wird. Moralisches Handeln kann, ja muss daher genauso einzigartig sein wie ein Kunstwerk, und wie man nicht diejenigen am höchsten schätzt, die bloß etwas nachahmen, so findet auch innerhalb seiner Wertethik jenes Verhalten am meisten Anerkennung, bei dem ein Wert eigenständig zur Geltung kommt. Gerade wenn das Verhalten nicht auf andere Situationen übertragbar, nicht verallgemeinerbar ist, also dem kategorischen Imperativ Kants widerspricht, kann es in ausgezeichneter Weise als moralisch empfunden werden.

Nach Max Scheler ist es daher

> »durchaus möglich, daß ein Individuum *allein* volle Evidenz hinsichtlich eines nur auf *es selbst* hinweisenden und nur für diesen einzigen ›Fall‹ gültigen Sollensinhaltes hat, von dessen Inhalt es sich gleichzeitig völlig klar bewußt ist, daß er zum Prinzip einer *allgemeinen Gesetzgebung* sowohl ›allgemein‹ in Hinsicht auf alle gleichartigen Situationen und ›Fälle‹, als in Hinsicht auf alle Menschen durchaus *nicht* tauglich sei«.

Nach Max Scheler müssen Handlungen nicht dem kategorischen Imperativ genügen, sondern ein Wertgefühl zum Ausdruck bringen

Weiter bezeichnet Scheler es »als eine völlige Verirrung«, »die Verallgemeinerbarkeit einer Maxime [...] gar zum *Kriterium* für die sittliche *Berechtigung* ihres Inhalts zu machen, ja sogar für dessen ›Gutsein‹, wie es Kant versucht«.[87] Die provokante Pointe von Schelers Wertethik besteht somit darin, dass sie Handlungen, soweit darin Werte zur Realisation gelangen, als individuelle Schöpfungen anerkennt und eben dadurch als moralisch qualifiziert. Die Manifestation eines Werts ist nichts anderes als ein expressionistisches Kunstwerk.

Lassen sich seit Riegl und Scheler Handlungen und Werke gleichermaßen als Ausdruck eines Wertgefühls interpretieren, so wurden gestalterische Leistungen auch immer wieder daraufhin beurteilt, welches Ethos oder welche menschlich-sozialen Empfindungen darin zum Vorschein kommen. Gemäß diesem expressionistischen Paradigma spielt es hingegen keine Rolle, ob ein Werk handwerklich professionell ausgeführt ist oder dem guten Geschmack entspricht. Vor allem Wilhelm Worringer griff Riegls Ansatz auf und verstand Kunstwissenschaft als »Stilpsychologie«, die dazu in der Lage sein müsse, die Elemente einer Gestaltung – »formale Werte« – »als präzise[n] Ausdruck der inneren Werte« zu deuten.[88] »Indem wir die Kunstgeschichte nicht mehr als eine bloße Geschichte des künstlerischen Könnens, sondern als eine Geschichte des künstlerischen Wollens auffassen, gewinnt sie an allgemeiner weltgeschichtlicher Bedeutung«, werde ihr Gegenstand dadurch doch »in eine so hohe Betrachtungssphäre gerückt«, dass sie mit der »Entwicklung der religiösen und philosophischen Menschheitsbildungen« – und nicht einfach nur mit Schönem – befasst sei.[89]

Künstler des *Blauen Reiter* und anderer expressionistischer Strömungen empfanden Riegls ›Kunstwollen‹ und Worringers Interesse an den »formbildenden Energien«[90] verschiedener Kulturen und Epochen als Befreiung der Kunst von normativen Standards; sie behandelten Artefakte der Volkskunst oder aus nichtwestlichen Kulturen gleichwertig zu Werken der europäischen Hochkultur. Wer die eigenen Geschmacksvorstellungen nicht zu transzendieren vermochte und daher manche Kunst primitiver oder schlechter als andere empfand, wurde hingegen zum Banausen erklärt, der gegenüber dem Ethos, das sich in den Artefakten ausdrückt, blind ist.

Unter dem Einfluss des ›Kunstwollens‹ konnten Werke auf einmal statt nur nach ästhetischen ebenso nach (im weitesten Sinne) ethischen Kriterien beurteilt werden. Infolge der Wertethik kam es umgekehrt dazu, dass man Handlungen eher nach ästhetisch-künstlerischen als nach moralphilosophischen Kriterien betrachtete. Als Schöpfungen unterlagen sie ähnlichen Ansprüchen auf Originalität und Evidenz wie ein Gemälde oder ein Theaterstück, und die Genese einer Handlung wurde kaum anders beschrieben als das Making-of eines Kunstwerks. Wenn Scheler zum Beleg für die Stärke eines Wollens »ein *Sichverlieren* in dem in ihm [...] als zu realisierend gegebenen [...] *Werte* und Bildinhalte« erklärte,[91] übernahm er einen Topos aus dem Geniediskurs, der gerade im Zuge des Expressionismus erneut zu Aktualität gelangte. So sprach der Kunstkritiker Hermann Bahr in seinem (ebenfalls) 1916 erschienenen Buch *Expressionismus* (in dem er übrigens Alois Riegls Vorreiterrolle für das expressionistische Kunstparadigma aufzeigt) davon, dass ein großer Künstler wie »Leonardo, Rembrandt, Cézanne«, statt seine Werke kontrolliert zu schaffen, zwischen innerem und äußerem Sehen »sich verliert«, damit aber »sich erst recht wiederzufinden scheint«.[92]

Im Expressionismus können ästhetische und ethische Kriterien einander ersetzen

Da im Expressionismus ästhetische und ethische Kategorien austauschbar werden, ist hier auch die für den Menschen schmeichelhafte Selbsterfahrung als gleichermaßen schöpferisches und moralisches Individuum grundgelegt, die in der Art und Weise, wie Werte heutzutage verstanden werden, zum Standard geworden ist. Seit damals treten die Werte als Instrumente in Erscheinung, die als Selbstbewusstseinsakkumulatoren funktionieren und pauschale Absolution gewähren.

Während in Ratgebern, Unternehmensphilosophien und vor allem im Alltagsverständnis der meisten Menschen noch dieselben Vorstellungen von Werten existieren wie zur Blütezeit des Expressionismus, ist das Programmatische und Provozierende, das vor einem Jahrhundert damit einherging, längst verschwunden. Vielmehr ist das expressionistische Paradigma zum unreflektierten Normalfall geworden, über den sich höchstens ein paar Philosophen eigens Gedanken machen. Auch hierin besteht aber eine Analogie zur Kunst: Nur Berufskünstler haben sich vom Stilrepertoire des Expressionismus gelöst, während sowohl fast alle Anfänger an Kunsthochschulen als auch zahllose Amateure ganz selbstverständlich daraus schöpfen. Es lässt sich hier von einem beinahe zeitlos gewordenen Expressionismus sprechen. Und obwohl der Expressionismus im deutschsprachigen Raum entstand und dort besonders viel damit experimentiert wurde, hat er sich – in Kunst und Werten – schnell über andere Länder ausgebreitet und ist, mit leichten Unterschieden, seit langem in der gesamten westlichen Welt zuhause. (Was in einer eigenen Studie nachzuzeichnen wäre.)

Da in den letzten Jahrzehnten keine ambitionierten Wertphilosophien mehr entstanden sind, blieb das expressionistische Verständnis von Werten erhalten

Vielleicht passt es im Fall der Werte sogar noch besser, ein laienexpressionistisches Verständnis zu unterstellen, denn während es in der Kunst seit dem Expressionismus immerhin etliche andere erfolgreiche Richtungen mit konträren oder zumindest klar abweichenden Programmen gegeben hat, wurde die Wertphilosophie nie mehr so ernsthaft betrieben wie bei Scheler und in seinem Umkreis. Schien es eine Zeitlang, als könnten Werte begrifflich ebenso ambitioniert verhandelt werden wie die Vernunft, die Einbildungskraft oder die Substanz, ist der Umgang mit ihnen längst wieder undiszipliniert. So populär es auch sein mag, Werte im Munde zu führen und sich fortwährend auf sie zu beziehen, so wenig interessiert im Allgemeinen ein philosophischer Begriff davon. Es ist wie bei ›Liebe‹ oder ›Arbeit‹: Fast jeder meint, aus eigener Erfahrung mitreden zu können, verspürt also nur wenig Klärungsbedarf, während die Mehrheit der Philosophen keinen Ehrgeiz entwickelt, weil sich das Sujet unter ihrem Theorieradar bewegt. Die expressionistische Auffassung von Werten wird kaum einmal herausgefordert, sondern pflanzt sich, als seit langem ausgewildertes Denken, immer weiter fort.

Im vorherrschenden Verständnis von Werten wiederholt und steigert sich aber noch in anderer Hinsicht die von Riegl und seinen Nachfolgern durchgesetzte expressionistische Auffassung. So wie ihr zufolge einerseits jede Gestaltung Ausdruck eines Kunstwollens ist, während dessen Durchsetzung gegen Widerstände andererseits als heroische Leistung beschrieben wird, besteht analog die Neigung, Handlungen, sofern sich in ihnen Werte realisieren, zu moralischen Großtaten zu verklären, sich zugleich aber immer und überall auf Werte zu berufen. In beiden Fällen kommt es also zu einer Inflationierung dessen, was davor als seltenes Ereignis galt: Häufiger denn je können Menschen sich als schöpferisch – und sekundär als von inneren, geistigen Energien getrieben – erfahren, zum anderen ist es für viele erst recht alltäglich geworden, sich moralisch – und sekundär kreativ – zu fühlen.

Gerade der bis dahin elitär-exklusive Begriff von Kunst erfuhr durch Riegls ›Kunstwollen‹ und den daraus folgenden Expressionismus eine Öffnung. Befreit davon, sich über ein Können und vorgegebene Normen profilieren zu müssen, konnte, wer als Künstler oder auch im weiteren Sinn gestalterisch tätig sein wollte, neue Wege gehen und eingefahrene Konkurrenzmuster überwinden. So kündigt sich bei Riegl bereits das Kreativitätsdispositiv an, das mehr als ein halbes Jahrhundert später in der Formel »Jeder Mensch ist ein Künstler« zum Durchbruch gelangte. Mit diesem Satz erklärte Joseph Beuys, seinerseits dem Paradigma des Expressionismus angehörig, den schöpferischen Trieb endgültig zum Gemeingut. Neben einer Demokratisierung des Kunstbegriffs betrieb aber auch Beuys eine weitere Überhöhung des Menschen, sah er in ihm doch aufgrund seiner kreativen Kräfte ein gottgleiches Wesen.[93]

So egalitär die expressionistische Mentalität einerseits ist, so sehr schafft sie neue Formen von Exklusivität

Mit dem Einfluss von Beuys und vielen anderen, die seine Auffassung teilten und ihrerseits verbreiteten, verstärkte sich aber auch eine Entwicklung, die schon seit Beginn des expressionistischen Paradigmas zu beobachten war, also infolge der Idee aufkam, Gestaltung sei reiner Ausdruck und keiner äußeren Norm verpflichtet. So setzten sich innerhalb der Kunst mehr und mehr Werkformen und Stile durch, die angestammten Geschmacksvorstellungen – etwa einem Ideal von Schönheit oder Konzepten von Mimesis oder Realismus – widersprachen. Die Freiheit, nur dem eigenen Kunstwollen, dem eigenen Innenleben, den eigenen kreativen Bedürfnissen zum Ausdruck zu verhelfen und objektiven oder sozialen Standards nicht länger genügen zu müssen, führte daher nicht nur zu großer Vielfalt, sondern auch zu starker Verunsicherung bei weiten Teilen des Kunstpublikums: Viele wussten nicht mehr, wie sie das Dargebotene einschätzen sollten. Reagierten manche mit umso größerem hermeneutischem Eifer, zeigten andere Unverständnis und schließlich sogar Wut und Aggression. Sosehr durch Riegl und Beuys gerade auch gestalterische Praktiken von Laien ernst genommen und tradierte Formen von Exklusion überwunden wurden, so sehr fühlten sich nun also im Gegenzug die Laien unter den Rezipienten ausgeschlossen. Ressentiments gegen die moderne Kunst gehören seither zum festen Bestand vieler Menschen, die nicht beruflich mit dem Kunstbetrieb zu tun haben.

Daher passierte, was Wilhelm Worringer schon früh befürchtet und noch zu verhindern versucht hatte, als er dazu aufrief, der »naiven Kunstbetrachtung [...] nicht zu[zu]muten«, vom eigenen Geschmack, ja vom »klassische[n] Kunstideal« abzusehen. So wichtig es für die Kunstwissenschaft sei, ein »impulsives und unverantwortliches Gefühl für künstlerische Dinge« zu überwinden und einen Sinn für diverse unvereinbare Ausprägungen des Kunstwollens zu entwickeln, so wenig könne man erwarten, dass alle Menschen ihre eigenen, jeweils begrenzten Erwartungen gegenüber der Kunst reflektierten und transzendierten.[94]

Es ist also die paradoxe Situation entstanden, dass gerade ein von allen elitär-exklusiven Elementen befreiter Kunstbegriff eine neue Elitenbildung ausgelöst und zahlreiche Menschen vor den Kopf gestoßen hat. Führt das auch für die Wertethik geltende expressionistische Paradigma dort nun aber nicht zu ähnlichen Entwicklungen? Wiederholt sich somit in der Ethik, was in der Kunst bereits stattgefunden hat? Gilt auch hier, dass herkömmliche Beurteilungskriterien kaum noch Relevanz besitzen? Kann nun vielmehr jedes Verhalten als moralisch ausgegeben werden, solange es sich als ein Realisieren von Werten darstellt?

Führt eine expressionistische Wertethik zu einer Spaltung der Gesellschaft?

Sofern die Karriere der Werte dazu führte, dass ein Prinzip wie der kategorische Imperativ nichts mehr darüber aussagt, wie moralisch eine Handlung ist, ist dieselbe Paradoxie und Problematik wie in der Kunst aber nicht nur denkbar, sondern wäre dann viel gravierender: Davon ist nicht nur ein relativ kleiner Bereich der Gesellschaft, sondern diese in ihrer Gesamtheit betroffen. Auf einmal können auch Handlungen als gut gelten, die einem tradierten Empfinden von Moralität zuwiderlaufen. Ferner erscheinen Milieus, in denen es üblicher als in anderen ist, sich auf Werte zu berufen und auf deren Umsetzung stolz zu sein, als moralisch besonders qualifiziert, obwohl in ihnen Verhaltensweisen favorisiert werden, die alles andere als allgemein anerkannt sind.

Das heißt, dass sich eine moralische Elite herausbilden kann. Und im Gegenzug können Gesellschaftsschichten entstehen, die sich in Moralfragen ausgeschlossen fühlen und daher mit Ressentiments auf das Verhalten jener wertebewussten Moralbürger reagieren. Und ist das alles nicht bereits Realität? Hat die Durchsetzung einer expressionistischen Wertethik nicht schon zu einer Spaltung der Gesellschaft – zu Parallelgesellschaften – geführt? Hat der Kult um Werte nicht längst Gegenbewegungen derer provoziert, die sich mit ihren Moralvorstellungen nicht mehr genügend repräsentiert fühlen?

Der historische Rückblick und die Analyse des expressionistischen Paradigmas als eines zentralen Merkmals der Wertethik liefern eine Erklärung dafür, dass es innerhalb der Gesellschaft nicht nur einigen besser gelingt als anderen, moralisch zu erscheinen, sondern dass das, was sie als gut propagieren, oft zudem herkömmlichen Formen von Moralempfinden widerspricht. War mir zuerst nur eine historische Parallele zu Zeiten des Protestantismus aufgefallen, nämlich eine Asymmetrie verschiedener Menschen hinsichtlich ihrer Chancen auf moralische Qualifizierung, so wird nun immer deutlicher, dass sie nicht einmal darin übereinstimmen, was sie für moralisch gerechtfertigt halten.

Milieus unterscheiden sich nicht nur hinsichtlich ihres Moralwohlstands, sondern auch in ihrem Moralverständnis

In manchen Milieus schafft man es, wie das Beispiel der Rapper zeigte, einen Gegenkanon zu entwickeln und den Gewissenshedonisten, die ihren Wertewohlstand genießen, eine selbstbewusste eigene Haltung entgegenzusetzen. Andere Menschen jedoch – wie viele wohl? – fühlen sich ohne rechte Stimme, wenn es um ihre moralischen Empfindungen geht; sie sind verunsichert, grollen im Stillen, blicken mit Argwohn und nicht selten sogar fassungslos auf das, was ihnen als besonders moralisch vorgelebt wird. Vielleicht resignieren sie oder warten auf einen Zeitpunkt, zu dem sich alles ändert, ihr Moralempfinden wieder Geltung erlangt und das Treiben der Moraleliten beendet wird.

Der Übergang von einer sollens- oder tugendethisch formierten Gesellschaft hin zu einer wertethischen Ordnung zeitigt damit ähnliche Folgen wie der Paradigmenwechsel innerhalb der Kunst, durch den das Wollen statt des Könnens zur Leitkategorie wurde. In beiden Fällen wird Originalität zu einem Kriterium, zeugt sie doch am eindeutigsten von den geforderten schöpferischen Kräften. In der Kunst der Moderne sorgten vor allem Regelbrüche – als plakativste und oft auch einfachste Spielart von Originalität – für viel positive Aufmerksamkeit (innerhalb des Kunstbetriebs); erfolgreich war, was extrem war: besonders heftig, sehr gestisch, spröde, minimalistisch, hermetisch, Dokument eines psychischen Ausnahmezustands. Erst recht kam an, was sich über einen Verzicht oder eine Negation definierte, ist es dann doch als bekenntnishafter Akt interpretierbar.

Der durch die Wertethik sich einschleichende Kreativitätsanspruch für das Handeln führt in vergleichbarer Weise dazu, dass am ehesten als integer und stark eingeschätzt wird, wer entweder neue Werte entdeckt oder es schafft, unkonventionelle Formen von Wertbekenntnis – eine Spendenaktion, einen erfolgreichen Hashtag, ein neues Format von Video – zu entwickeln, am besten ebenfalls angereichert um eine Dimension von Opfer oder Askese. Im Zweifelsfall zählt die Authentizität eines Handelns mehr als seine Sozialverträglichkeit. Umgekehrt genügt es nicht, bloß rechtschaffen und rücksichtsvoll zu sein, um als moralisches Vorbild wirken zu können. Wer nicht so handelt, dass es wertrealisierenden Werkcharakter besitzt, bekommt vielmehr genauso das Image, zu bieder und harmlos zu sein, wie Künstler, die einfach nur, egal wie gekonnt, Traditionen fortsetzen und sich wenig um einen eigenen Stil scheren.

Wo herkömmliche Kriterien wie ›Schönheit‹ und verbindliche Tugendkanons an Stellenwert eingebüßt haben, entscheiden andere Faktoren, was als besonders gut empfunden wird. Nachdem in der Kunst grundsätzlich allen Artefakten derselbe Rang zuerkannt worden war, erlangten etwa performative Talente, machtbewusste Gesten oder gut funktionierende Netzwerke umso mehr Bedeutung für die Durchsetzung eines Künstlers oder einer Kunstrichtung. Was im Museum landet oder auf dem Markt hohe Preise erzielt, hängt somit nicht unbeträchtlich von werkexternen Faktoren ab.

Als moralisch gilt, wer seine Werte am kreativsten und stärksten zum Ausdruck bringt

Analog entscheidet bei weitem nicht nur der Impetus ihrer Handlungen darüber, ob eine Person als moralisch wahrgenommen wird. Wichtig ist vielmehr, dass es jemand schafft, sich im Handeln selbstbewusst und originell darzustellen und so als Vorbild in Szene zu setzen. Für Scheler ist ein Vorbild eine »personal geformte Wertgestalt«, also eine Person, die die Fähigkeit besitzt, die ihr Handeln leitenden Werte so klar zum Ausdruck zu bringen, dass andere den Wunsch entwickeln, sich ihrerseits um die Realisierung derselben Werte zu bemühen.[95] Für den Vorbildcharakter spielt damit viel mehr als nur das physische Auftreten der Person eine Rolle; letztlich zählt alles, was zur Veranschaulichung der jeweiligen Werte beiträgt und ihren Werkstatus steigert. Je mehr jemand einsetzen kann, desto mehr

Wirkung lässt sich entfalten, wobei es sich bei dem, was zum Einsatz kommt, zum Teil um angeborene oder erlernte Fähigkeiten wie Bildung und Sensibilität, aber auch um sozioökonomische Größen wie Kontakte und Geld handeln kann. Letztere ermöglichen es unter anderem, Coaching-Seminare oder Schulungsprogramme für Führungskräfte zu absolvieren.

Da Scheler die in einem expressionistischen Werteverständnis angelegte Steigerungslogik, wonach den höchsten Moralstatus erlangt, wer die meisten Mittel zur Wertegestaltung zur Verfügung hat, nicht berücksichtigt und schon gar nicht als Problem sieht, bleibt eine der brisantesten Konsequenzen einer Wertethik bei ihm unreflektiert. Ihm war bewusst, wie Hans Joas zu Recht hervorhebt, dass »in einer Wertethik [...] die Bedeutung des Vorbildes [...] viel höher zu veranschlagen [ist als in einer Sollensethik]«,[96] doch scheint es ihn wenig zu stören, wie sehr es von diversen Privilegien abhängt, ob jemand überhaupt zu einem Vorbild werden kann.

Wer reich und begabt ist, wird eher zum moralischen Vorbild als jemand ohne Privilegien

Menschen, die diese Privilegien nicht haben und die vielleicht nicht einmal im Kleinen als Vorbild wirken können, werden hingegen kaum ohne Minderwertigkeitsgefühle bleiben. Diese werden mit jedem selbstsicheren, überlegenen, an sich vorbildhaften Auftritt eines Moralbürgers genährt und noch verstärkt, wenn dieser seine Überlegenheit merken lässt, also, nochmals in den Kategorien Schelers, über ausgeprägtes »Selbstwertbewusstsein« verfügt und daher vom Vorbild zur Leitfigur werden will.[97] So entsteht einerseits eine Elite, ja man könnte sogar von einem Moraladel sprechen, andererseits ein Moralproletariat, dessen Angehörige so ehrlich und redlich wie nur möglich sein können, ohne doch jemals die Chance zu haben, als besonders moralisch zu gelten. Für sie ist all das demonstrierte Ethos der Wertelite wie aus einer fremden Welt oder auch weltfremd, jedenfalls empfinden sie es als einen höchst fragwürdigen Kult um unerreichbar ferne Meisterwerte.

Die Ressentiments gegenüber ›Gutmenschen‹ stehen somit in direkter Analogie zu den Ressentiments gegenüber moderner Kunst. In beiden Fällen erwachsen sie daraus, dass Menschen sich von etwas ausgeschlossen fühlen, das dem Anspruch nach allen zugänglich sein und einen ›common sense‹ repräsentieren sollte. Wer jedoch sein Geschmacksempfinden und seine Moralvorstellungen bei Meinungsführern und in den Leitmedien nicht mehr genügend wiederfindet, wird zuerst an sich, dann an der Gesellschaft zweifeln. Und sofern sich die jeweils nächsten Künstler oder Wertaristokraten an dem orientieren, was besonders viel Resonanz erfahren hat, verstärken und verselbständigen sich Entwicklungen. Innerhalb des jeweiligen Kontexts ist legitimiert, was jenseits davon fragwürdig oder sogar absurd anmutet, und die Kluft zu denjenigen, die nach wie vor glauben, es müsse einen ›common sense‹ geben, vergrößert sich immer mehr.

Ressentiments gegenüber einer Moralelite ähneln Ressentiments gegenüber moderner Kunst

Diese Kluft wird noch gefährlicher, wenn Ressentiments gegen die Kunst und gegen eine Moralelite sich wechselseitig bestätigen und verstärken. Dann ist auch beider gemeinsamer Ursprung klar erkennbar, besonders gut im Fall von politischer Kunst im öffentlichen Raum. Als etwa Manaf Halbouni im Februar 2017 auf dem Neumarkt in Dresden mit drei hochkant aufgestellten Bussen eine Barrikade nachbildete, die im syrischen Bürgerkrieg Konfliktparteien voneinander trennte, und diese Installation als ein Mahnmal begriff, das an eine humanitäre Katastrophe erinnern und zugleich den Frieden in Deutschland würdigen sollte, gab es nicht nur bei der Eröffnung durch Repräsentanten aus Politik und Kultur lautstarke Proteste rechtsgerichteter Bürger. Vielmehr wurde die Installation bei einer

Kunst im öffentlichen Raum: Manaf Halbounis Busse auf dem Dresdner Neumarkt wecken Ressentiments (»peinlich und beschämend«)

Aktion der Identitären Bewegung sogar verunstaltet, und die Pegida nutzte ihre wöchentlichen Kundgebungen mehrmals für Reden gegen das Kunstwerk, das man als »gezielte Provokation« empfand; seine Urheber und Befürworter wurden als »abgehoben« und als »multikulturelles Establishment« kritisiert, das »sich in den vermeintlichen Wohlfühlzonen« sicher wähne und »seine Dekadenz öffentlich zur Schau stellt«.[98]

Die Aggressionen waren so vehement, dass es den Unterstützern von Halbounis Installation umgekehrt nicht gelang, zu erkennen oder gar ernst zu nehmen, warum ein Werk politischer Kunst diejenigen verletzen kann, die sich höchstens als Zaungäste der moralisch-ästhetischen Wertebildung, ja fern aller Privilegien fühlen. Vielmehr wurde ihnen gegenüber einmal mehr Überheblichkeit bekundet; in Analogie zu Kunstbanausen erklärte man sie zu Wertebanausen, etwa als der Künstler ihnen vorhielt, es sei nur vorgeschoben, dass sie »die ganze Zeit […] für die abendländischen, christlichen Werte kämpfen« wollten: »Schämt euch, denn ihr macht es nicht.«[99]

Statt dem Bürgerfrieden ein Denkmal zu setzen, wurde dieser durch Halbounis Installation gefährdet.

Man unterschätzte, wie weit verschiedene Geschmacks- und Moralmilieus auseinandergedriftet sind und wie sehr die Kunst zum Brandbeschleuniger werden kann, wenn sie Ressentiments auslöst, die sich mit politischen Ressentiments kurzschließen lassen. Vor allem Populisten, deren Strategie darin besteht, Ressentiments so kräftig zu füttern, bis Verunsicherung in offene Aggression umschlägt, haben dann leichtes Spiel. Ob sie ebenfalls Werte reklamieren (sofern sie noch eher ›rechts‹ oder ›links‹ als populistisch sind) oder ob sie nur gegen den Moralismus der Gegner opponieren (sofern sie reine Populisten sind), ist dann fast nebensächlich, besteht ihr vorrangiges Ziel doch darin, Mehrheiten gegen eine Kunst- oder Moralelite aufzubringen.

Wie in diesem Fall machen Künstler und Moralaristokraten es ihren Gegnern oft ziemlich leicht. Infolge des expressionistischen Paradigmas ist Raum für Extremes entstanden, das zwar innerhalb seines eigenen Umfelds noch als Kunst oder als moralisch gelten kann, überall sonst jedoch Befremden auslöst. Dieses steigert sich noch, weil nicht nur das Geschmacks- und Moralempfinden in einzelnen Milieus stark voneinander abweicht, sondern weil sich zudem jeweils spezifische Rahmenbedingungen herausgebildet haben, aufgrund derer vieles außerhalb davon nicht mehr verständlich ist.

Wenn sich die Eliten von Kunst und Moral verbinden

Da etwa bei Ereignissen wie einer größeren Biennale schon vorausgesetzt wird, dass die beteiligten Künstler ein moralisch-politisches Anliegen haben und sich für eine Minderheit oder gegen den Kapitalismus engagieren, brauchen sie in ihrer Arbeit nicht einmal mehr eigens eine Form zu entwickeln, die ihre Haltung möglichst eindringlich sichtbar macht. Vielmehr genügt ein simples Dingsymbol als Wertbekenntnis. Wird also etwa ein Zelt oder ein Schlauchboot ausgestellt, ver-

Symbolische Kunst auf der Documenta 14 in Athen: Ein Zelt aus Stein als Protest gegen die europäische Flüchtlingspolitik

steht jeder Besucher, dass es sich um Kunst handelt, mit der das Schicksal von Geflüchteten beklagt und für mehr humanitäre Hilfe geworben wird. Statt sich auf ein Readymade zu verlassen, kann man auch auf einen Verfremdungseffekt setzen und das jeweilige Symbol durch einen Material- oder Formatwechsel noch effektvoller machen. In jedem Fall aber geben die klaren Rahmenbedingungen die Bedeutung vor; das Werk selbst ruft sie nur auf und nuanciert sie. Für jemanden, der die Rahmenbedingungen nicht kennt oder vielleicht nur eine Abbildung des Werkes sieht, ist hingegen nicht nur dessen Bedeutung unklar, sondern vielleicht nicht einmal erkennbar, was daran überhaupt Kunst sein könnte.

Paradoxerweise ist also gerade das Feld der Kunst so stark vordefiniert, dass es für markante Wertbekenntnisse weniger Einsatz und gestalterische Präzision braucht als in anderen Bereichen der Gesellschaft. Anders wäre es, versammelte ein Kurator Künstler mit unterschiedlichen politischen Einstellungen um sich. Dann müsste in jedem Werk einzeln deutlich werden, welcher Wert damit verkörpert, welches Ziel proklamiert sein soll; bloße Dingsymbole hingegen wären missverständlich, vor allem aber reichten sie nicht aus, um als überzeugende Bekenntnisse durchzugehen. Allerdings ist mit einem solchen Schritt nicht zu rechnen, haben Kuratoren doch gerade die Aufgabe, einem Kunstereignis eine politische und gesellschaftsrelevante Dimension zu verleihen, es also insgesamt als ein großes, einheitliches Wertbekenntnis zu gestalten. Kuratoren schaffen Bedingungen, unter denen jede Kunst moralisch bedeutsamer erscheint, aber auch zwangsläufig die von ihnen vorgegebene Bedeutung annimmt.

Der Aufstieg von Kuratoren zu Schlüsselfiguren des Kunstbetriebs hat auch damit zu tun, dass es in einer wertethisch verfassten Gesellschaft mehr zählt, wenn Kunst nicht nur als schöpferische Leistung, sondern auch als Ausdruck einer Haltung sichtbar wird. Oft muss da aber nachgeholfen werden: Kuratoren haben die Kunst tauglich zu machen für eine Welt im Bekenntnismodus. Erscheint sie nicht politisch-moralisch brisant, kann ihr höchstens noch ein spektakulärer Preis helfen, um als stark und relevant empfunden zu werden.[100] Ohne materielle oder immaterielle Wertschöpfung hingegen gilt sie nicht viel, braucht also in jedem Fall jemanden zusätzlich zum Künstler, der ihr Potenz verleiht: einen Händler oder einen Kurator. Gegenüber beiden Formen der Wertschöpfung besteht jedoch auch Misstrauen, denn sowohl ein hoher Preis als auch eine politische Aufladung könnten ja Folge einer Manipulation, zumindest aber künstlich erzeugt sein.

Handelt es sich bei Kunstwerken also um beinahe beliebige Objekte, an die sich ein hoher Preis, häufiger aber viel Moral hängt und die nur Wertschätzung erfahren, solange dies jeweils präsent ist, verhält es sich bei Konsumprodukten ähnlich. Hier bereitet oft das

Image der Marke, vielleicht auch der Verkaufsort die Rahmenbedingungen, unter denen ein Produkt zu einem Wertbekenntnis wird. Allerdings sind Hersteller und Vermarkter meist von vornherein eng miteinander verbunden, während die Zusammenarbeit zwischen Künstler und Kurator nach wie vor oft erst nachträglich und zudem einmalig stattfindet. Daher sind Produkte nicht selten sogar glaubwürdiger – weniger künstlich – hinsichtlich ihrer politisch-moralischen Botschaft als Kunstwerke.

Wertbekenntnisse werden allenthalben erwartet – und sollten originell sein

Aber nicht nur Kunstwerke oder Produkte wirken mittlerweile stumpf, wenn sich mit ihnen keine Werte verbinden. Auch bei Menschen und insbesondere im Fall von Prominenten wird es schnell als Versäumnis und Mangel an Professionalität eingeschätzt, wenn sie ihre Autorität nicht dazu nutzen, Werte wie ›Klimaschutz‹, ›Gesundheitsvorsorge‹ oder ›Flüchtlingshilfe‹ zu propagieren. Von Schauspielern und Sängern, aber selbst von Sportlern, deren Tätigkeit in viel geringerem Maße kreativ ist, wird also erwartet, als Testimonials eines wertebewussten Lebens aufzutreten, so wie sie sonst Werbung für eine Marke oder Konsumprodukte machen. Anderenfalls gelten sie nicht als komplette Persönlichkeiten. Manche gehen sogar schon so weit wie Leonardo DiCaprio, der sich offiziell als »Schauspieler und Umweltschützer« (»Actor and Environmentalist«) tituliert und damit sein gesellschaftspolitisches Engagement als gleichermaßen wichtig ausgibt wie seinen Beruf.[101] Womit ein Star seine Prominenz erlangt hat und wozu er sie nutzt, gehört untrennbar zusammen.

Bei Prominenten aus kreativeren Berufen wird zudem darauf geachtet, ob ihre Wertbekenntnisse nicht zu konventionell sind. Die Glaubwürdigkeit einer moralischen Haltung leidet, falls sie nicht originell vermittelt wird. Aber selbst wenn derselbe Wert schon sehr oft propagiert wurde, kann das als einfallslos kritisiert und damit negativ beurteilt werden. So leicht es einerseits sein mag, sich innerhalb einer Wertethik gleichermaßen als schöpferisch und moralisch zu erweisen, so schnell wird umgekehrt aus einem nicht erfüllten Originalitätsanspruch auf mangelnde moralische Größe geschlossen. Als etwa im Frühjahr 2017 klassische Musiker an der »Pulse of Europe«-Bewegung teilnahmen und Konzerte um kurze Ansprachen ergänzten oder Programmheften Zettel mit politischen Statements beilegten, fanden dies einige zu »wohlfeil« und »betulich«. Kunst, so das Argument, »tut sich mit Mehrheiten schwer«, weshalb Künstler, die für etwas Naheliegendes und Mehrheitsfähiges wie ein offenes Europa einträten, sich gerade nicht »in eine schöpferische Spannung zur Gesellschaft« brächten, also auch noch lange nicht »moralisch und künstlerisch integer« seien.[102]

Ein solches Urteil zeugt von der Macht des expressionistischen Paradigmas, dem die Wertethik unterliegt, wird nun doch die Originalität eines Handelns oder eines Wertbekenntnisses zum Kriterium dafür, ob es auch als moralisch gelten darf. Ein ›common sense‹ ist keine Perspektive mehr; vielmehr wird die Verselbständigung unterschiedlicher und miteinander unvereinbarer Moralvorstellungen begünstigt. Und je stärker ein Verhalten mit Konventionen bricht und überrascht, desto größere moralische Autorität kann es gemäß der hier praktizierten Logik beanspruchen.

Hat das Leben-nach-Werten das Handeln verändert?

Heißt das aber, dass sich das Handeln unter dem Einfluss des expressionistischen Paradigmas ähnlich – und ähnlich stark – verändert hat wie die Kunst? Doch wie lässt sich das überhaupt untersuchen? Woran sollte man erkennen, ob jemand sich bei seinem Handeln an Tugenden oder an Werten, an einem Pflichtgefühl oder an einem Wertempfinden orientiert? Sollte das zu unterscheidbaren Handlungsmustern führen? Hat sich ein von kantischem Ethos beseelter Bildungsbürger des 19. Jahrhunderts anders artikuliert als sein heutiger Nachkomme, der darum bemüht ist, passioniert nach Werten zu leben?

Vielleicht komme ich hier weiter, wenn ich den Voraussetzungen des Nach-Werten-Handelns noch genauer nachgehe, also darauf zurückkomme, dass einen Wert zuerst als solchen erkennen muss, wer sich dazu bekennen will. Dazu braucht es jenes Wertfühlen, von dem Scheler spricht, der auch bereits eine schöpferische Leistung darin sieht, wenn aus einem vagen Fühlen ein klar definiertes Gefühl – und damit etwas Erkennbares – wird. Zudem kann sich ein Individuum so von anderen abgrenzen, deren Wertfühlen in Ausrichtung und Intensität abweicht oder die dasselbe Fühlen anders in konkrete Gefühle übersetzen. So entwickelt sich bei einem ein allgemeines Empfinden von ›Geborgenheit‹ zum Wert ›Nächstenliebe‹, bei einem anderen hingegen zum Wert ›Familie‹.

Historischer Exkurs zu Nicolai Hartmann über Voraussetzungen des Nach-Werten-Handelns

Nicolai Hartmann, dem neben Scheler die umfassendste Wertethik der ersten Jahrzehnte des 20. Jahrhunderts zu verdanken ist, widmet dem Wertfühlen – als Basis dafür, überhaupt nach Werten handeln zu können – große Aufmerksamkeit. Seine 1925 abgeschlossene *Ethik* beginnt mit der Beschwörung, alles hänge für den Menschen davon ab, »empfänglich zu sein für das Bedeutsame, offen zu stehen allem Sinn- und Wertvollen«. Das Schlimmste sei »Wertblindheit«, denn dann erscheine die Welt leer und als »ein Jammertal«. Erstes Ziel müsse es daher sein, das Wertfühlen zu fördern und dem Menschen möglichst viel als wertvoll erfahrbar zu machen. Dazu trägt die Einsicht bei, so Hartmann weiter, dass

»dieselben Werte, die allein unser Wollen und Tun leiten können, uns tausendfach im Leben realisiert an Personen und Situationen, an Verhältnissen und Geschehnissen entgegentreten, dass sie uns zu jeder Stunde umgeben, tragen und unser Dasein mit Licht und Glanz erfüllen«.[103]

Zur Vergegenwärtigung des jeweils Wertvollen sind gemäß Hartmann am ehesten Dichter berufen. Der »Wertgehalt« einer Situation lasse sich durch ihre Beschreibungen »plötzlich [...] durch[fühlen], wenn auch dunkel und ohne Bewusstsein der besonderen komplexen Wertstruktur«. Im »wirklichen Leben« sei es »nicht anders als in der dramatischen Kunst«, es fehle nur »die führende Meisterhand, die das Bedeutsame unmerklich in den Vordergrund rückt, so dass es sichtbar wird auch dem gemeinen Auge«.[104] Werte selbst sind für Hartmann zwar genauso wenig wie für Scheler menschliche Schöpfungen, aber da es seherisch befähigter Menschen bedarf, um sie als real erfahren, um sie einzeln wahrnehmen und unterscheiden zu können, hätte auch er schon von Meisterwerten sprechen können. Sie sind das, was die begabtesten Dichter in Szene setzen. Ohne diese wäre es den meisten Menschen hingegen unmöglich, »moralisch zu ›sehen‹«;[105] sie könnten nicht einschätzen, wann ein Handeln gut ist. Denn es gelte: »Was ich tun soll, kann ich nur ermessen, wenn ich ›sehe‹, was überhaupt wertvoll ist im Leben.«[106]

Bevor Werte umgesetzt werden können, müssen sie gefühlt werden

Sowohl eine Sollensethik als auch Ideale sind für Hartmann abhängig davon, dass man zuerst Werte gefühlt oder geschaut hat. Daher kann eine Fundamentalethik für ihn auch nur eine Wertethik sein. Für seine eigene Zeit konstatiert er allerdings in kulturkritischem Tonfall, es gebe zu wenige »Wertsichtige«; das »Wertgefühl stumpft sich ab«, not tue »eine Erweckung des

Wertbewusstseins«. »Von der Philosophie her« könne sie jedoch »schwerlich kommen«.[107] Die Erweckung von den Dichtern zu erwarten, war hingegen, zumal im Land der Dichter und Denker, ein Gemeinplatz. Im selben Jahr, in dem Hartmanns *Ethik* erschien, schrieb etwa Rainer Maria Rilke in einem Brief in ähnlich kulturpessimistischem Duktus, »die belebten, die erlebten, die *uns mitwissenden* Dinge gehen zur Neige«, sie »können nicht mehr ersetzt werden«, »leere gleichgültige Dinge« träten an ihre Stelle, und deshalb gehe es nun für ihn und seinesgleichen darum, »nicht allein ihr Andenken zu erhalten [...], sondern ihren humanen [...] Wert.«[108]

Stimulierten lange Künstler und Dichter Wertgefühle, so sind es heute vor allem Designer

Muss der Dichter hier in einer als weitgehend sinnlos empfundenen Welt Werte bewahren und Bedeutungen (wieder)entdecken, so stellt sich die Lage ein knappes Jahrhundert später und unter den Bedingungen der Wohlstandsgesellschaft ganz anders dar. Nun gibt es unzählige eigens mit Bedeutungen und Werten aufgeladene Dinge, und Designer und Marketingspezialisten sind in der Rolle von Dichtern, die Wertgefühle fördern und durch Produktinszenierungen für jede Situation und Tätigkeit konkurrierende sinnverheißende Interpretationen anbieten. Da sich umso höherer Umsatz machen lässt, je mehr Werthaltigkeit den Konsumenten vermittelt wird, ist unter dem Einfluss der Ökonomie eine Sinn- und Wertschöpfungsindustrie entstanden, von der Hartmann und Rilke noch nichts ahnen konnten. Sie stünden ihr argwöhnisch gegenüber, empfänden sie doch jegliche über Design und warenästhetische Effekte suggerierte Wertigkeit, jegliche von Profitstreben motivierte Sinnstiftung als künstlich.

Aber selbst wenn man diesen Vorbehalt teilt und viele Gestaltungsmittel, mit denen Wertigkeit signalisiert wird, für bloße Applikationen hält, wird man nicht leugnen können, dass Menschen in einer ausdifferenzierten Konsumkultur tagtäglich dafür sensibilisiert werden, Dinge und Situationen als etwas wahrzunehmen, das sich durch Wertfülle auszeichnet und eigens auf seine Werthaltigkeit hin zu beurteilen ist. Allerdings wären Hartmann und seine Zeitgenossen sicher auch verwundert, was heute alles zum Wert erklärt wird; ihr Wunsch, die Werte komplett und endgültig zu systematisieren, erscheint daher längst als abwegig.

Die Wohlstandsgesellschaft hat zu einer Werteinflation geführt

Vielmehr ist in einer freien und demokratischen Wohlstandsgesellschaft eine »Werteinflation [...] unausweichlich«, sobald man erst einmal damit begonnen hat, von Werten zu sprechen. Darauf macht Andreas Urs Sommer aufmerksam, sieht darin aber keinen Grund zu kulturkritischer Sorge, sondern begrüßt es im Gegenteil, dass »eine Vermehrung der Werte [...] unseren Wirklichkeitszugriff [verfeinert]«.[109] Je variantenreicher das Wertfühlen – wie gerade im Fall vieler Produkte – in Werte übersetzt wird, desto differenzierter wird die Welt wahrgenommen.

Wer etwa eine elektrische Zahnbürste mit neuester Technik verwendet, die über eine Bluetooth-Anbindung verfügt und durch den Zahnarzt mit Hilfe einer App programmiert werden kann, erfährt die Zahnpflege mit einer anderen Sinnhaftigkeit als jemand, der ein schlichtes Modell aus Bambus benutzt, das nicht zuletzt mit dem Argument beworben wird, komplett kompostierbar zu sein. Geht es einmal um Werte wie ›Gesundheit‹, ›Kontrolle‹, ›Professionalisierung‹, so im anderen Fall um ›Nachhaltigkeit‹ und ›Bewusstsein für die Kreisläufe der Natur‹. In beiden Fällen ist das Design so markant und demonstrativ, dass die betreffenden Werte sowohl für den Nutzer der jeweiligen Zahnbürste wie auch für Außenstehende gegenwärtig werden.

Da viele Konsumenten sich angewöhnt haben, in den Sozialen Medien Fotos von Produkten zu verbreiten, die sie besonders schätzen und mit denen sie ihren eige-

nen – materiellen oder immateriellen – Status unter Beweis stellen oder verbessern können, und da andererseits Hersteller zunehmend darauf setzen, dass solche Fotos herkömmliche Produktwerbung ablösen, wird demonstratives Design noch weiter begünstigt. Je einfacher und eindeutiger sich mit solchen Fotos ein Wertbekenntnis ablegen lässt, desto größer ist die Wahrschein-

Wertgefühle beim Zähneputzen: High-Tech-Kontrolle, kämpferisch-martialisch empfohlen, oder Nachhaltigkeit, ganz schlicht

lichkeit, dass ein Produkt eine Karriere bei *Instagram*, *Facebook* oder *Pinterest* macht und dadurch noch mehr Markterfolg hat. Dem Anspruch, kreativ und damit moralisch glaubwürdig zu sein, leistet schon Genüge, wer eine halbwegs witzige Bildidee umsetzt; oft reicht es sogar, ein Produkt vor die Kamera zu halten. Immerhin ist das Foto dann Beweis dafür, dass man die Codes und Hintergründe, also den ideellen Charakter des jeweiligen Produkts begriffen hat, während Menschen anderer Szenen oft weder verstehen, was für ein Bekenntnis abgelegt wird, noch in dieser Geste mehr als eine dekadente Absurdität sehen können. Dabei macht man sich mit dem Zeigen das expressive Wertedesign des Produkts zu eigen, bringt es also auf eine Stufe mit einem Slogan auf einem Demo-Schild oder dem Symbol einer Religion, Weltanschauung oder Partei.

Das heutige Produktdesign fördert die Praxis, sich zu Werten zu bekennen

Umgeben sich Menschen heute mit mehr Utensilien denn je, die als Wertsymbole fungieren und Werterfahrungen verstärken, so werden zugleich viele Objekte produziert, die von vornherein dazu bestimmt sind, Wertgefühle zu wecken und eine Atmosphäre von Bedeutsamkeit zu erzeugen. Man denke etwa an vielfältige Typen von Wohnaccessoires, die weniger genutzt als platziert werden: Vasen und Buddhafiguren, Kissen, Bilder, Schrifttafeln und Duftkerzen. In ihrer Materialität und sinnlichen Präsenz stimulieren sie dazu, sich und sein Tun als von Werten getragen zu empfinden. So werden sie zu Mahnmalen wertebewussten Lebens, und oft repräsentieren sie weniger einen bestimmten Wert (›Tradition‹, ›Familie‹, ›Freundlichkeit‹), als dass sie ganz allgemein darauf einschwören, sich mehr um Werte zu kümmern. In ihrer Anwesenheit soll alles durch Bedeutung beschwert und damit leicht verlangsamt und ritualisiert stattfinden. Im von ihnen ausgelösten Zeitlupengefühl werden Werte vergegenwärtigt und schließlich reine Gegenwart.

»Happiness is homemade«: Möbel und Wohnaccessoires sorgen für eine Atmosphäre wertebewussten Lebens

Damit komme ich einer Antwort auf die Frage, ob sich das Verhalten infolge der Ersetzung von Tugenden und Idealen durch Werte geändert hat, schon näher: Wer nach Werten leben und dies zum Ausdruck bringen will, wird sich dafür oft Dinge zu Hilfe nehmen. Sie fungieren als Wertetreiber und eignen sich zudem als Bekenntnismedien. Sie zu gebrauchen heißt, sich leichter damit zu tun, Werte zu spüren und zu manifestieren: sich mit ihnen zu identifizieren und das zugleich nach außen hin glaubhaft zu machen.

Hier könnte man eine alte Tradition wiederaufleben lassen, war es doch lange eine ehrwürdige (und selbstverständliche) Aufgabe der Philosophie, darüber nachzudenken, ob und woran sich die moralische Bildung eines Menschen äußerlich erkennen lasse. Doch während man heute dafür vor allem den jeweiligen Lifestyle in den Blick nehmen müsste, konzentrierte man sich früher viel mehr auf die körperliche Erscheinung und das Auftreten einer Person.

Zu Zeiten von Tugend- und Sollensethiken galt die Ausstrahlung eines Menschen als Indikator für seine moralische Sensibilität

Repräsentativ für viele sah am Ende des 18. Jahrhunderts etwa Friedrich Schiller in einem als anmutig empfundenen Verhalten einen Indikator dafür, dass jemand über eine »schöne Seele« verfügte, in der »Pflicht und Neigung harmonieren« und Tugendhaftigkeit zuhause ist. Grazie sei »eine Gunst [...], die das Sittliche dem Sinnlichen erzeigt«, während umgekehrt ein schlechter Mensch, der seine Begierden und niederen Instinkte nicht im Griff habe, »Ekel« auslöse. »Alle Bewegungen«, die von einer ›schönen Seele‹ ausgehen, so Schiller weiter, »werden leicht, sanft und dennoch belebt sein. Heiter und frei wird das Auge strahlen, und Empfindung wird in demselben glänzen. Von der Sanftmut des Herzens wird der Mund eine Grazie erhalten, die keine Verstellung erkünsteln kann.« Ein derart moralischer Mensch wecke in seiner Umgebung »Wohlgefallen«, man begegne ihm sogar mit »Liebe«.[110]

Man braucht nur kurz zu erwägen, ob ein Mensch, in dessen Handeln sich Werte realisieren, mit ähnlichen Aussagen beschrieben werden könnte, um zu begreifen, wie viel sich seit Schillers Zeit geändert hat. Der wohl größte Unterschied besteht darin, dass ein moralischer Mensch für Schiller seine Haltung völlig verinnerlicht hat, eine ›schöne Seele‹ also »selbst auch niemals um die Schönheit ihres Handelns« weiß, während das Ausdrücken von Werten eigens als Gestaltungsakt erlebt wird.[111] Besitzt es damit Werkcharakter, so wird es auch von außen so wahrgenommen: als Manifestation, gar als Bekenntnis. Beurteilt wird dann viel mehr die einzelne Handlung als die allgemeine Ausstrahlung des Menschen, und es geht um eine Einschätzung der jeweiligen Gesamtsituation, nicht darum, alles an der körperlichen Erscheinung festzumachen.

Zwar spricht auch Scheler noch davon, dass ein Mensch, in dessen Handeln sich ein Wertgefühl plastisch und damit vorbildhaft manifestiert, Liebe zu entzünden vermöge, doch gilt diese bei ihm schon weniger der Person als vielmehr dem jeweiligen Wert. Lieben ist für ihn gleichbedeutend mit »Wertvorziehen«.[112] Damit aber liegt nahe, dass auch alles andere, was einen Wert verkörpert, mit Liebesgefühlen betrachtet werden kann. Heute werden solche Gefühle also nicht zuletzt von Artefakten und Produkten ausgelöst, ja von den Herstellern gezielt erzeugt. Je besser sie Werte in Szene setzen, desto lieber werden ihre Produkte gekauft, verspüren Konsumenten dann doch das Glück, sich aneignen zu können, was starke Gefühle in ihnen weckt.

Insgesamt sind Dinge heute aber viel wichtiger als früher, wenn es darum geht, die moralische Autorität einer Person zu beurteilen. An ihnen lässt sich oft besser, schneller, klarer als an einer Handlung oder gar an der Ausstrahlung erkennen, für welche Werte sie einsteht. Zudem wird der Aufwand gewürdigt, den jemand betrieben hat, um die passenden Dinge ausfindig zu machen, zu kaufen, zu nutzen, zu kombinieren, zu modifizieren. Das zeigt einmal mehr, wie stark eine wertethisch geprägte Lebensweise von Voraussetzungen abhängt, die nicht allen Menschen gleichermaßen zur Verfügung stehen. Wer Geld hat, gebildet und vielfältig sozialisiert ist sowie über kreative Fähigkeiten verfügt, wird sich leichter tun, Werte zum Ausdruck zu bringen und als moralisch empfunden zu werden.

Zu Zeiten einer Wertethik sind die Dinge, mit denen sich eine Person umgibt, ein wichtiger Indikator für ihre moralische Autorität geworden

Ist schon der häusliche Alltag vieler Menschen von Dingen (wie jenen Zahnbürsten) geprägt, die Werte vergegenwärtigen, so gewinnt die expressive Dimension des Nach-Werten-Lebens im öffentlichen Raum sowie in den Sozialen Medien erst recht an Bedeutung. Dabei ist nicht nur an Demonstrationen zu denken; vielmehr genügt es, darauf zu achten, wie Menschen sich bei Festivals oder anderen Events, auf *Facebook*-Seiten oder in *Instagram*-Accounts präsentieren, um zu ermessen, was es bedeutet, dass Tugend- und Pflichtethiken durch eine Wertethik ersetzt wurden: Die Grenze zwischen Be- und Verkleidung, zwischen Outfits und Symbolen, zwischen Lifestyle-Accessoires und Bekenntnisschmuck ist nicht mehr klar zu ziehen.

Das von Schiller formulierte Ideal der Anmut hat ein klassizistischer Bildhauer wie Antonio Canova so anschaulich umgesetzt, dass die Schönheit seiner Tänzerinnen und Grazien läuternde Wirkung entfalten konnte. Wer sie betrachtete, sollte entzückt davon sein und den dringenden Wunsch verspüren, selbst eine ›schöne Seele‹ zu werden. Canovas Figuren scheinen der Schwerkraft weniger stark ausgesetzt zu sein als anderes; leicht, geschmeidig schweben die Körper beinahe (und lassen vergessen, dass sie aus Marmor sind). Soweit sie, manchmal nur mit einer Fußspitze, den Boden berühren, wirkt das weder angestrengt noch wie eine artistische Leistung. Vielmehr ist alles in sanfte Bewegungen verwandelt. Die Frauen sind ganz bei sich;

Antonio Canova: Drei Grazien (1813/16), Eremitage, St. Petersburg

sie reagieren auf nichts, was von außen auf sie einwirkt. Die vollkommene Harmonie, die sie ausstrahlen, zeugt von der Reinheit ihres Gemüts.

Auch heute geht es darum, andere Menschen zu einem Nachdenken über das eigene Handeln, ja zu höheren moralischen Selbstansprüchen zu motivieren. Da das mittlerweile aber heißt, sie dazu zu bringen, sich mit einzelnen Werten zu identifizieren, müssen diese möglichst attraktiv gemacht werden. Jede Szene entwickelt dafür spezifische Bildmuster und will damit die eigene moralische Autorität steigern. Oft wird auch etwas überhöht und geschönt, vieles ist ähnlich idealisiert wie in der Ästhetik des Klassizismus.

So liegt etwa eine (spanische) Aktivistin, die sich für den Veganismus einsetzt, auf einem Holzboden, nur bedeckt von einigen Blättern. Um sie herum ist Obst und Gemüse drapiert, in allen Farben, zum Teil elegant zu Ornamenten angeordnet. Die junge Frau und die frischen Lebensmittel signalisieren, dass ein veganes Leben nicht eintönig zu sein braucht, nicht Mangel,

Wertbekenntnisse sind weniger anmutig als appellativ – und brauchen oft viele Hashtags

sondern Fülle bedeutet. Mit ihrem Lachen und direktem Blickkontakt zum Betrachter motiviert sie dazu, sich ihr anzuschließen. Anders als Canovas Figuren ist sie nicht in sich gekehrt, sondern signalisiert, ihre Umwelt verändern zu wollen. Zahlreiche Hashtags, die das Foto begleiten, bekräftigen diese Absicht; in ihnen sind auch die Werte genannt, um die es der Aktivistin geht und zu denen sie aufruft. Darunter sind Mitleid (#havecompassion, #compessionforall), Gerechtigkeit (#justiceforall) und Gleichheit (#equalityforall, #alllivesareequal). Während zu Zeiten, als Anmut beeindruckte, auf eine generelle Welthaltung geachtet wurde, hängt die moralische Autorität in einer Wertethik also davon ab, dass einzelne Werte zur Geltung kommen. Dies aber kann nur in Verbindung mit Dingen und Symbolen gelingen, die Ausstrahlung der Person ist dagegen zu unspezifisch.

Beispiele aus einer möglichen Ikonographie der Wertexpressionen

Mit beliebig vielen weiteren Bildern von Menschen verschiedener Milieus ließe sich bestätigen, wie stark eine wertethisch formierte Kultur von anderen Kulturen abweicht. Dabei könnte man sogar eine Ikonographie einzelner Wertexpressionen formulieren, kommt es doch insbesondere infolge des wachsenden Stellenwerts der Bildplattformen der Sozialen Medien mittlerweile zu Kodifizierungen einzelner Bekenntnisgesten. Mit bestimmten Bildtypen oder Dingsymbolen wird dann jeweils ein Wert oder eine Wertgruppe – etwa Gesundheit und Fitness – ebenso plakativ wie eindeutig in Szene gesetzt. Hashtags präzisieren die Bildaussage und stellen Verbindungen zu ähnlichen Bildern her.

Ein Bildtyp, in dem sich der Wert ›Fitness‹ ausdrückt, besteht etwa in einem Selfie vor einem Spiegel, in dem der Körper daraufhin überprüft wird, ob er gut in Form ist. Meist zeigt man sich dabei in Sportunterwäsche und mit nackter Bauchpartie, entscheidet sich

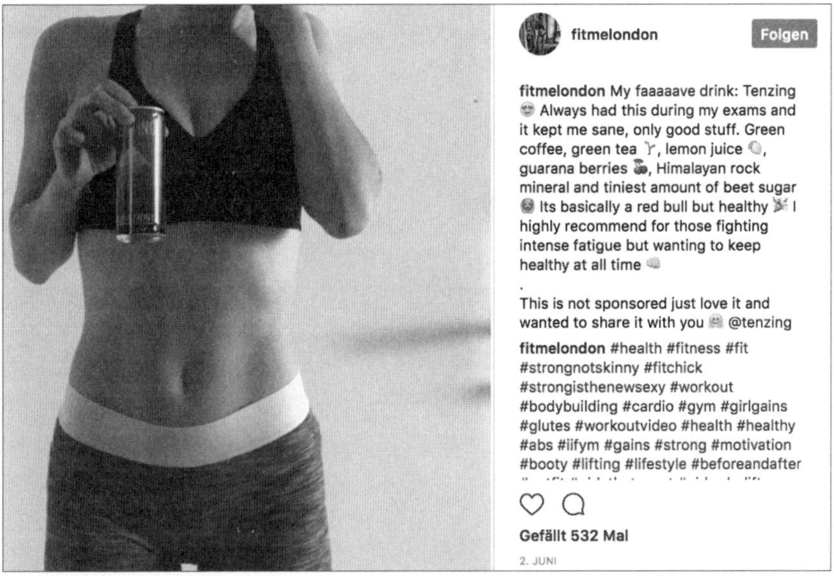

Wert-Ikonographie: Fitness I (Spiegelselfie mit Bauchkontrolle)

hier doch am deutlichsten, ob man schlank und trainiert ist oder noch einen weiten Weg hin zu einem perfekten Körper vor sich hat. Anders als von Selfie-Kritikern unterstellt, ist der Spiegel nicht etwa Beleg einer narzisstischen Haltung, sondern steht für den Mut zur Selbstkontrolle – dafür, sich selbst zum Gegenüber zu machen, um sich aus Distanz wahrzunehmen. Mal ist der Blick auf das Smartphone, mal direkt in den Spiegel gerichtet, doch immer ist die Person, die sich fotografiert, allein: als gelte es, deutlich zu machen, dass man für Fitness ausschließlich selbst verantwortlich ist. Folgt man einer weiteren Diagnose Robert Pfallers, werden Krankheiten entsprechend »als etwas Selbstverschuldetes« empfunden: Zunehmend prägen »selbstberufene Gesundheitsapostel« die öffentlichen Debatten, die ihre eigene Fitness schließlich sogar als Beleg moralischer Überlegenheit deuten.[113]

Dazu passt, dass auf denselben Accounts oft Fotos von gesundem, fett- und kohlehydratarmem Essen, von fitnesssteigernden Getränken, ferner Sport- oder

Wert-Ikonographie: Fitness II (Stillleben mit Dopingmitteln)

Messgeräte zu sehen sind.[114] Neben spezifischen Körperhaltungen helfen also auch hier diverse Dinge und Konsumprodukte dabei, einen Wert zu realisieren und sich zu ihm zu bekennen. Die Konsumkultur ist so weit entfaltet, dass es kaum ein Bekenntnisinteresse geben dürfte, zu dessen Umsetzung keine unterstützenden Produkte erhältlich sind, die nicht auch bereits fester Bestandteil von Ikonographien sind.

Selbst in Situationen, in denen es weniger ums Tun als ums Lassen geht, kommen Dingsymbole zum Einsatz – und verdrängen nicht selten sogar die Menschen, die einem Wert folgen, aus dem Bild. Wer zeigen will, wie wichtig Ruhe und Entspannung sind, fotografiert sich etwa im Liegen, dies aber so, dass nur die ausgestreckten Beine zu sehen sind: als wolle man sich nicht zuletzt davon entlasten, den gesamten Körper fotogen zu stylen. Doch fehlt fast nie eine Tasse mit Tee oder Kaffee sowie ein kontemplatives Ambiente mit einem Fernseher, einem Pool oder dem offenen Meer. Auf anderen Fotos taucht der Mensch gar nicht mehr auf;

Wert-Ikonographie: Entspannung I und II (Heißgetränk, jeweils in der Horizontalen genossen)

es genügen Stillleben mit Getränken, weichen Decken, Büchern, Snacks oder Cremes.

In jedem Fall aber entsteht der Eindruck, Ruhe und Entspannung seien Werte, die nur zu leben vermag, wer ziemlich wohlhabend ist, vielleicht sogar einen Hang zu Luxus besitzt. Es ist, als müssten die vielen Dinge und teuren Umgebungen eine schützend-abschirmende Funktion erfüllen, ja als könne sich nur erholen, wer seine Umwelt so zu gestalten vermöge, dass kein widriger Sinnesreiz mehr stört.

Aber handelt es sich hierbei nicht um Werte ohne moralische und gesellschaftsrelevante Dimension? Und wäre so viel Verwirklichungsaufwand nicht höchstens dann problematisch, wenn auch Werte wie ›Fairtrade‹, ›Nachhaltigkeit‹ oder ›Toleranz‹ ausschließlich mit materiellem Einsatz gelebt werden könnten? Wenn es also wirklich von Geld und glücklichen Umständen abhinge, ob und wie sehr sich ein Mensch als moralisches Individuum zur Geltung bringen kann?

Rückkehr zu der Frage, inwiefern hinsichtlich des Bekennens von Werten keine Chancengleichheit besteht

Allerdings sind gerade die gegenwärtig am häufigsten genannten Werte Wohlstandswerte, deren Realisierung sehr wohl materiellen Aufwand, Mehrkosten, oft sogar komplexe Infrastrukturen voraussetzt. Oder wie sollte man dem Anliegen näherkommen, nachhaltig, in Verantwortung für künftige Generationen zu leben, solange man das eigene Haus nicht mit zusätzlicher Technik – von Wärmedämmung bis Solarzellen – ausstattet oder bei Haushaltsgeräten wie Kühlschränken nicht auf ökologischere Modelle umrüstet? Zwar mag es auch im Fall von Nachhaltigkeit oft um Verzicht gehen, wenn man etwa wegen der eigenen CO_2-Bilanz die Zahl der Flüge oder Autofahrten einschränkt, doch ist das ein Verzicht, den man sich nur leistet, solange es Alternativen gibt, die, was den Einsatz von Zeit oder Geld anbelangt, vielleicht noch aufwendiger sind.

Im Fall von ›Fairtrade‹ ist von vornherein offenkundig, dass das Ziel ›Gerechtigkeit‹ durch Handel, also auf ökonomisch-materiellem Weg zu erreichen versucht wird. Schon im Siegel auf Fairtrade-Produkten wird ein entsprechender Gerechtigkeitsbegriff illustriert. Mag es zuerst Assoziationen zum Yin-und-Yang-Symbol auslösen und Gleichgewicht signalisieren, so

Das *Fairtrade*-Siegel: Symbol für transparenten Handel (»Jedem das Seine«)

zeigt es eigentlich eine menschliche Figur mit zum Gruß erhobenem Arm: Produzenten und Konsumenten sollen einander offen und wohlwollend, eben als faire Partner begegnen, statt nur den eigenen Vorteil zu suchen. Gesundes Wachstum, vom grünen Blatt im unteren Bereich des Siegels verkörpert, ist nur in einem Klima von Vertrauen und Transparenz möglich, für das der blaue Himmel im oberen Teil steht. Mit dem Ideal der Transparenz ist vor allem der Anspruch verbunden, jedem am Handelsprozess Beteiligten die individuell gebührende Aufmerksamkeit und Wertschätzung entgegenzubringen und die vielen Verbindungen und Abhängigkeiten innerhalb einer Wertschöpfungskette offenzulegen. Gerechtigkeit entsteht somit aus einem Bewusstsein dafür, dass selbst scheinbar weit Entferntes kausal miteinander verbunden sein kann. Das Ziel sind Verhältnisse, in denen das Prinzip »Jedem das Seine« verwirklicht ist, da sichtbar geworden ist, welche Rolle jedem im größeren Zusammenhang zukommt.

Allegorie der Gerechtigkeit: Schwert, Waage und Augenbinde (»Jedem das Gleiche«)

Wie ökonomisch und an materiellen Parametern wie ›Arbeitszeit‹ oder ›Ressourcenverbrauch‹ orientiert dieses Verständnis von Fairness und Gerechtigkeit ist, wird im Vergleich zu Allegorien der ›Iustitia‹ aus Zeiten deutlich, als die Gerechtigkeit noch eine der vier Kardinaltugenden war. Bereits im Mittelalter etablierten sich dafür die Attribute ›Schwert‹, ›Waage‹ und ›Augenbinde‹. Verdeutlicht das Schwert, dass Ungerechtigkeit aktiv bekämpft werden muss, Gerechtigkeit also alles andere als ein Normalzustand ist, so stehen die beiden anderen Attribute für ein Verständnis von Gerechtigkeit als Gleichheit: Sie herrscht, wenn alles ausgewogen ist und keiner mehr hat als ein anderer, und sie ist nur möglich, wenn alles ohne Ansehen der Person, gleichsam blind, beurteilt wird und man sich nicht von Äußerlichkeiten und individuellen Unterschieden, also gerade nicht von materiellen und ökonomischen Faktoren leiten lässt. Statt »Jedem das Seine« meint Gerechtigkeit hier vielmehr »Jedem das Gleiche«.

Dass bei Tugend-Allegorien nicht nur im Fall der Gerechtigkeit Attribute eine wichtige Rolle spielen, widerspricht aber doch der Behauptung, erst in einer Wertethik würden Dinge wichtig. Brauchte es nicht vielmehr immer schon Accessoires und Dingsymbole, um eine Idee, ein Programm, eine Tugend zu veranschaulichen? Warum sollte es also einen Unterschied darstellen, ob ehedem eine Augenbinde für ›Gerechtigkeit‹ oder heute eine Tasse Tee für ›Entspannung‹ steht?

Eine Wertethik führt zu engen Verhältnissen zwischen Menschen und Dingen

Ja, ich empfinde hier einen Unterschied. Es ist ein Unterschied hinsichtlich des Verhältnisses zu den Dingen. Im Fall einer allegorischen Darstellung, die eine Tugend oder auch ein Prinzip zum Thema hat, sind Attribute und Figur Elemente, die zu einem Bild addiert werden. Dagegen stehen Dinge, die bei Wertbekenntnissen Verwendung finden, in einem unmittelbaren Bezug zu der Person, die das Bekenntnis ablegt. Sie hat es ausgewählt, oft eigens gekauft, und so einfallslos sie es auch in die Kamera halten mag, so ist es doch ein Ding, das zu ihr gehört. Dinge, mit denen Werte realisiert werden, verweisen immer auf denjenigen, der sich für den betreffenden Wert einsetzt. Die Person drückt sich über die an einer Handlung oder einem Bekenntnis beteiligten Dinge aus; diese sind daher, entsprechend dem expressionistischen Paradigma der Wertethik, Materialien, um den jeweiligen Wert zu realisieren.

Der unterschiedliche Status von Attributen bei Tugend-Allegorien lässt sich auch daraus erschließen, dass jene oft als zu äußerlich kritisiert wurden, man sich also gerade am losen Verhältnis störte, in dem sie zu den jeweiligen Figuren stehen. So empfand etwa Karl Philipp Moritz um 1800 die Allegorie der Gerechtigkeit mit ihren drei Attributen ausdrücklich als missglückt, widersprächen sie sich doch und fügten sich zu keinem plausiblen Ganzen:

»Der Gebrauch des Schwerts erfordert ja eine ganz andere Stellung als der Gebrauch der Waage, die Waage eine ganz andere Stellung als das Schwert, und der Gebrauch von beiden erfordert offne Augen. Nichts ist widriger als diese Figur; bei ihr erscheint nichts in Bewegung, nichts in Tätigkeit; sie hält bloß maschinenmäßig das Schwert und die Waage, und die verbundenen Augen machen sie noch untätiger. – Die ganze Figur ist überladen und steht, von sich selbst erdrückt, wie eine tote Masse da.«[115]

Vergleichbare Kritiken existieren für Spielarten heutiger Wertmanifestationen nicht – aus dem einfachen Grund, dass es sich bei ihnen nicht um Allegorien handelt. Statt also etwas durch etwas anderes – Gleichheit durch eine Waage – zu repräsentieren, taucht auf Bildern, auf denen sich jemand zu einem Wert bekennt, nur das auf, was dem Wertempfinden der betreffenden Person in diesem Moment entspricht. Der expressionistische Charakter des Realisierens von Werten verlangt, so konventionell viele Darstellungen letztlich sein mögen, Echtheit und Unmittelbarkeit; er steht im Kontrast zu dem für Allegorien leitenden Prinzip des Indirekten und sekundär Zeichenhaften. Daher greift auch keines der Argumente, die gegen Allegorien vorgebracht wurden, also weder Goethes 1825 geäußerter Vorwurf, sie seien künstlich, da zu etwas Allgemeinem erst ein Besonderes gesucht, statt im Besonderen etwas Allgemeines entdeckt werde,[116] noch Friedrich Theodor Vischers 1841 artikulierter Argwohn, eine Allegorie sei eine »todte Geburt des Verstandes«, mit der es nie gelingen könne, ein Sujet der »Reflexion« in eines der »Begeisterung« zu verwandeln.[117]

Eine wertethisch geprägte Gesellschaft ist eine ästhetisierte Gesellschaft

Dass Werte jeweils erst realisiert werden müssen und dabei zu Werken werden, die als Manifestationen zugleich Bekenntnisse darstellen, führt also offenbar zu einer überzeugenderen ästhetischen Kultur als zu Zeiten, in denen man Tugenden oder Ideale zu versinnbildlichen suchte. Das gilt zwar nicht für das Erscheinungsbild von Körpern, in denen eine ›schöne Seele‹ wohnt und die man ebenfalls als besonders ästhetisch empfand, sehr wohl aber dafür, wie sich das Zusammenspiel von Menschen und ihren Dingen ausdrückt. Und auch diese selbst sind, da Designer die Rolle von Dichtern übernommen haben und für Werte sensibilisieren, im wörtlichen Sinn wertvoller geworden.

Was schon für Zahnbürsten zutrifft, wird erst recht bei größeren und viel kostspieligeren Artefakten relevant. Gerade auch Architekten haben sich als Autoritäten für Werte etabliert. So antwortet Norman Foster auf die Frage, ob Architektur »als Verbildlichung unserer Gesellschaft verstanden werden« könne, sie sei »Ausdruck unserer Werte«.[118] Damit variiert er zugleich einen seit dem 19. Jahrhundert bestehenden Topos, wonach Architektur – Kunst, Design – Ausdruck der jeweiligen Zeit sei. Oft wurde sogar eigens verlangt, in einem Bauwerk viel Zeittypisches umzusetzen. Wenn Architektur sich nicht »mit Selbstbewusstsein und Unbefangenheit [...] ihres reichen Stoffes« bemächtige und damit zum »wahren Ausdruck unserer Zeit« werde, heißt es 1845 bei Gottfried Semper, liefere sie nur »gespenstische Phantasmagorien aus der Vergangenheit«.[119] Genau hundertfünfzig Jahre später schreibt Vittorio Magnago Lampugnani, seinerseits sowohl Architekt wie Architekturtheoretiker, Architektur sei als »eine praktische Kunst, die konkrete Bedürfnisse erfüllen muss«, »eng mit dem Leben ihrer Zeit verbunden« und insofern auch »Ausdruck ihrer Zeit«.[120]

Wer Architektur hingegen, wie Foster, zum Ausdruck von Werten erklärt, verschiebt die Rolle des Architekten. Statt in ihm ein Medium zu sehen, also jemanden, durch den klärend und verdichtend hindurchgeht, was für eine Zeit typisch ist, der sich das aber nicht eigens bewusst zu machen braucht, ja vielleicht sogar dann am reinsten Medium sein kann, wenn er selbst interesselos ist, wird der Architekt nun als Akteur verstanden, der etwas als wertvoll Erkanntes umzusetzen versucht: aus Überzeugungen handelt und im Gegenteil starke und klare Interessen hat.

Allerdings ist das seinerseits kein neues Rollenverständnis, wurde doch etwa 1907 der *Deutsche Werkbund* gegründet, weil Architekten und Gestalter es als ihre Mission ansahen, für die ›gute Form‹ einzutreten, also Entwürfe zu liefern, die sowohl in ästhetischer als auch in ethisch-sozialer Hinsicht besser als andere sind. Damals jedoch dominierte (wie auch noch eine Generation später bei Hartmann und Rilke) ein kulturkritischer Ansatz: die Sorge, in der Zeit eines großen Werteverlusts zu leben. So klagte Hermann Muthesius auf der Jahresversammlung des *Deutschen Werkbunds* 1911 in Dresden, dass schon ab Mitte des 19. Jahrhunderts »die allgemeinen Zeitverhältnisse sich gegen die Werte wandten, auf die die formbildenden Künste gerichtet sind«. Der »hastige Erwerbsdrang der Menschen« und die »gänzliche Beschlagnahme des Intellektes durch wissenschaftliches und technisches Denken« hätten »das Gefühl für die Form« abgeschwächt und schließlich zu einem »völligen Versagen des geschmacklichen Urteils der Menschen« geführt.[121] Dagegen sollte die ›gute Form‹ an der Funktion, auch an der Tradition sowie an Kriterien wie ›Materialgerechtigkeit‹ orientiert sein und falsche Versprechungen genauso ausschließen wie Protz oder starke Reize. Die Gestalter sollten, ähnlich wie bei Hartmann die Dichter, den Menschen wieder ein Wertebewusstsein vermitteln und damit vor allem als Erzieher fungieren. (Anders als bei heutiger Produktgestaltung und Architektur orientierte man sich also nicht an der aktuellen Nachfrage, sondern wollte über eine gezielte Veränderung des Angebots Einfluss auf die Geschmacks- und Moralbildung nehmen.)

Auch Architektur wird heute oft als Ausdruck von Werten begriffen

Ist heute – wie bei Foster – davon die Rede, Architektur bringe Werte zum Ausdruck, können damit zwar noch ähnliche Qualitäten wie beim *Deutschen Werkbund* gemeint sein, vermutlich aber geht es weniger um ›Ehrlichkeit‹ oder ›Heimatverbundenheit‹ als um ›Nachhaltigkeit‹ oder ›Energieeffizienz‹. Foster spricht davon, dass eine optimale Gestaltung »soziale, technologische, ästhetische, ökonomische und ökologische Belange« gleichermaßen zu berücksichtigen habe (»For me the optimum design solution integrates social, technological, aesthetic, economic and environmental concerns«).[122] Damit erscheint die Aufgabe von Architekten ausnehmend anspruchsvoll; sie müssen nicht nur feinfühlig und einfallsreich, sondern auch umfassend verantwortungsbewusst sein und viele Entwicklungen gleichzeitig im Blick haben.

Indem er Architektur gesellschaftspolitisch interpretiert, leistet Foster gute Imagearbeit für sich und seine Kollegen. Entsprechend beliebt ist es auch sonst bei Architekten und ihren Institutionen, die Werte als Basis und Ziel der eigenen Arbeit anzusprechen. So preist der Leiter eines Büros für Stadtfragen sein Architektenteam mit den Worten, »sie interessieren sich für aktuelle Werte und deren Übersetzung in gebauten Raum«.[123] In einer Broschüre der *Montag Stiftungen* über »Urbane Räume | Jugend und Gesellschaft« heißt es, »Architektur bildet stets die Werte ihrer Zeit ab. Sie [...] nimmt mit Selbstbewusstsein Einfluss auf die Gestaltung der Zukunft«.[124] Und die Architektenkammer Niedersachsen würdigt, wie Architekten auf der Basis eines »differenzierten Entwurf[s] [...] neue moderne Orte« schaffen, »die über bloße Zweckerfüllung hinaus übergeordnete Werte und Lebenseinstellungen zum Ausdruck bringen und vermitteln können«.[125]

Auch von anderer Seite wird Architekten immer wieder große gesellschaftliche Verantwortung attestiert. Wenn die Soziologin und Philosophin Heike Delitz feststellt, »dass sich jede Gesellschaft in ihrer Architektur eine expressive, sicht- und greifbare Gestalt *schafft*, die ihr keineswegs äußerlich oder sekundär ist«, und wenn sie daraus schließt, dass eine Gesellschaft sich erst »in ihrer Architektur ›erkennt‹«, folgt sie ihrerseits dem expressionistischen Paradigma und unterstellt, dass sich Werte in Artefakten realisieren und so auch erst wirksam werden können.[126]

Wie sieht eine Bekenntnisarchitektur aus?

Doch wird es nicht zur Belastung, wenn den Architekten die Verantwortung für die Vitalität der moralischen Kultur nicht nur zugetraut, sondern auch zugeschoben wird? Werden sie nicht dazu gedrängt, das Ausdrücken von Werten noch ernster zu nehmen? Und ist die zwangsläufige Folge davon nicht eine Bekenntnisarchitektur: eine neue Art von ›architecture parlante‹, einer sprechenden Architektur, mit der jeweils bestimmte Werte sichtbar gemacht und zur Geltung gebracht werden sollen?

Gerade auf einem Feld wie dem nachhaltigen Bauen genügt es Architekten häufig nicht, bei den Materialien, der Heiz- und Belüftungstechnik oder der Energiegewinnung auf ökologische Parameter zu achten; vielmehr ist es ihnen ebenso wichtig, dass am Gebäude selbst der angestrebte Einklang mit der Natur plakativ sichtbar wird. Sie verleihen ihm eine organische Form, belassen die Gebrauchsspuren von Recyclingmaterial, arbeiten mit Pflanzen auch an Stellen, an denen kein nennenswerter ökologischer Nutzwert damit einhergeht, oder stellen naturnahe Materialien demonstrativ in den Vordergrund. Statt den Wert ›Nachhaltigkeit‹ zu integrieren, wird er also isoliert und exponiert. Auch

Eine neue »architecture parlante« exponiert einzelne Werte – hier: Nachhaltigkeit

das jedoch kann als aufdringlich und besserwisserisch empfunden werden; Bauherren und Bewohnern lässt sich unterstellen, sie wollten stolz ein mustergültig wertorientiertes Leben demonstrieren und fühlten sich anderen Menschen offenkundig überlegen.

Einzelne Architekten wehren sich auch bereits gegen ihre Rolle als Dienstleister eines Werte-Expressionismus. Als Rem Koolhaas im Zuge der Diskussionen über den Schlossplatz in Berlin gefragt wurde, ob dort nicht eine Architektur entstehen könne, »die in besonderer Weise die Werte einer modernen Demokratie verkörpert«, antwortete er, es sei »nicht Aufgabe von Architektur, Werte zu verkörpern«. Dafür solle »man lieber überlegen, was für einen Nutzen ein Gebäude haben soll. Dann erübrigt sich die Frage nach der symbolischen Bedeutung.«[127]

Koolhaas wird hier zum Antipoden von Foster und überwindet das expressionistische Paradigma, wenn er an die Funktion des jeweiligen Gebäudes erinnert und überlegt, wie man dieser besser gerecht werden könne.

Auch er hat dabei gesellschaftspolitische Dimensionen im Blick, doch denkt er eher an die Folgen einer Architektur für das Handeln und die Erfahrungen der Menschen, die ihr ausgesetzt sind, als sich zu einer bestimmten Gesinnung zu bekennen.

Plant er etwa einen Flughafen, geht er von der Beobachtung aus, dass dort fast immer die Funktionen, die mit dem Abfliegen zu tun haben, viel sorgfältiger gestaltet sind als die Belange, die das Ankommen betreffen. Entsprechend sind die ersten Eindrücke von dem Ort, an den man fliegt, oft enttäuschend. Deshalb besteht die Aufgabe des Architekten für ihn darin, das Ankommen genauso ernst zu nehmen wie das Abreisen.[128] Koolhaas will also mit dem Funktionswert zugleich den Erlebniswert steigern. Foster denkt dieselbe Bauaufgabe hingegen ausgehend vom Bekenntnis- oder Symbolwert. Für ihn soll ein Flughafen ein »Fest des Fliegens« (»a celebration of flight«) bieten; er hat eine »überzeugende visuelle Gestalt mit einem humanistischen Sinn für Klarheit zu verbinden« (»it should combine a strong visual identity with a humanistic sense of clarity«).[129]

Zwar ist es Foster genauso wichtig wie Koolhaas, den Nutzern eines Flughafens unverwechselbare und positive Erfahrungen zu ermöglichen, doch folgen sie bei ihm daraus, dass die Architektur mit dem, was sie zeigt und sichtbar macht, stimulierend wirkt. Was sie ausdrückt, überträgt sich auf den Nutzer, der seinerseits dazu gebracht wird, seinen Empfindungen Raum zu geben, sie auszuleben und sichtbar zu machen. Während bei Koolhaas jeder für sich genießt, von einer Architektur freundlich und intelligent behandelt zu werden, sind die Schönheit und das Außergewöhnliche eines Ortes bei Foster zugleich symbolisch so überhöht, dass sich eine Gesamtstimmung ergibt, in der alles dazu tendiert, bedeutsam zu sein und als Bekenntnis zu fungieren.

Nur in einer reichen Welt können Architekten, Designer und Marketingspezialisten die Rolle einnehmen, die sonst Dichtern zukommt. Um Werte so zu vermitteln, dass andere Menschen diese als real erfahren und selbst danach leben, brauchen sie ökonomische Ressourcen und Optionen zur Gestaltung von Bauwerken, Produkten und anderen Artefakten. Damit ist aber auch schon ein Bekenntniswettbewerb vorgezeichnet, innerhalb dessen Werte jeweils noch aufwendiger, noch plakativer, noch lauter manifestiert werden. Dem entspricht die Tendenz, das eigene Handeln aufzurüsten, um es glaubwürdiger und eigenständiger erscheinen zu lassen. Während Pflichterfüllung oder Tugendstreben durch spektakuläreres Handeln nicht aufgewertet werden, sondern im Gegenteil sogar in Misskredit geraten (und zumindest an ›Anmut‹ einbüßen), sobald der Verdacht einer kalkulierten Inszenierung aufkommt, ist das Ausdrücken und Realisieren von Werten von vornherein auf Sichtbarkeit und Materialisierung hin angelegt. Art sowie Umfang des betriebenen Aufwands sind entscheidend dafür, wie viel Autorität ein Wertbekenntnis erlangt – unabhängig davon, ob ein eher altruistisch-moralischer Wert wie ›Solidarität‹ oder ein eher eigennütziger Wert wie ›Gesundheit‹ zur Realisierung ansteht.

Da das Realisieren und Bekennen von Werten Sichtbarkeit verlangt, entsteht ein Wettbewerb, bei dem gewinnt, wer am meisten Ressourcen zur Verfügung hat

Kritiker von Wertethiken haben diese Tendenz auch bereits zum Thema gemacht, nicht ohne Werte dabei jedoch zu dämonisieren. So spricht der Rechtsphilosoph Carl Schmitt, dessen Buchtitel *Die Tyrannei der Werte* (1960) vor allem bei kapitalismuskritischen Kulturkonservativen zum beliebten Schlagwort aufgestiegen ist,[130] nicht nur davon, dass ein Wert, da er immer erst zur Geltung gebracht werden müsse, einen »Drang zur Verwirklichung« impliziere, sondern erhebt ihn auch zum Subjekt, wenn er unterstellt, »der

Wert lechzt geradezu nach Aktualisierung« und »lauert auf Vollzug und Vollstreckung«.[131]

Schmitts Polemik richtet sich insbesondere gegen Max Schelers Wertethik, und auch wenn er deren expressionistische Konzeption weder benennt noch eigens erörtert, nutzt er einen Vergleich Schelers zwischen Farben und Werten, um ein weit verbreitetes Misstrauen gegenüber moderner expressionistischer Malerei auf Werte zu übertragen und diese als tyrannisch darzustellen. Führt Scheler aus, dass man eine Farbe unabhängig von einem Farbträger und einen Wert unabhängig von einer bestimmten Handlung erfahren könne,[132] so nutzt Schmitt diese phänomenologische Aussage dazu, auf »die Selbständigkeit und Unabhängigkeit der Farbe« in der »moderne[n] Malerei« zu verweisen. Da diese deshalb an nichts mehr gebunden sei, führe ihre Verwendung zu Willkür und Chaos – für Schmitt Grund zur Warnung vor einer Wertethik, die den Institutionen des Staates vergleichbare Gewalt antäte:

> »Aber diese entfesselte Farbe, die sich bei großen modernen Malern wie Emil Nolde, W. Kandinsky oder E. W. Nay auf der Leinwand im Rahmen eines Gemäldes austobt, würde sich in der Praxis der Gerichte und Verwaltungsbehörden als unabhängiger Wert ausleben und beispielsweise die entfesselten Werte des rechtsstaatlichen Denkens mit denen des Sozialstaates aufeinanderprallen lassen.«[133]

Gibt es eine ›Tyrannei der Werte‹?

Wer im Namen von Werten handelt, kennt somit keine Rücksicht, ist auf Durchsetzung der eigenen Vorlieben bedacht und wird sich bei der Wahl der Mittel nicht zurückhalten. Schmitt spricht deshalb auch von der »potenzielle[n] Aggressivität, die jeder Wertsetzung immanent ist«.[134] Er erkennt darin den Hauptunterschied zu anderen Ethiken, denn »Tugenden übt man aus; Normen wendet man an; Befehle werden vollzogen«.[135]

Man könnte auch sagen, Tugenden, Normen und Befehle fungieren jeweils als – bereits vorgegebene – Referenzen für ein Handeln; es bezieht sich darauf und entspricht ihnen mehr oder weniger. Werte hingegen werden erst durch ein Handeln real. Dass etwas wichtig und wertvoll ist, muss jeweils von Neuem bewiesen, muss in Formen von Bekenntnis vermittelt werden – und wird umso besser vermittelt, je stärker man damit einen Wert exponiert, also selbständig für sich zur Geltung bringt. Wenn schon eine Idee der Vermittlung bedürfe, dann ein Wert »noch weit mehr«, heißt es bei Carl Schmitt.[136] Seine Wertekritik läuft letztlich darauf hinaus, die Logik der Aufrüstung als Kompensation eines Defizits zu deuten: Weil Werte an sich keine Geltung haben, verlangt ihre Durchsetzung mehr Einsatz und gerät unversehens zur Tyrannei.

Schmitt interessiert sich nicht weiter dafür, wie genau das Durchsetzen von Werten stattfindet und wer dabei eventuell im Vorteil ist, welche Asymmetrien also in einer wertethisch verfassten Gesellschaft drohen. Spätestens mit dem Aufkommen der Wohlstandskultur und vor allem seit Entstehung der Sozialen Medien hat diese Frage aber an Brisanz gewonnen. Seit tagtäglich Millionen von Menschen damit befasst sind, vor allem in Bildern kundzutun, was ihnen wichtig ist und mit welchen Werten sie sich identifizieren, und seit sie ihre Sujets mit Dingsymbolen überhöhen und in einen Wettbewerb mit anderen eintreten, die dieselben oder ganz andere Werte stark machen wollen, drohen neue Konflikte: Wer in diesen Wettbewerben unterlegen ist und sich benachteiligt darin sieht, die eigenen Werte zum Ausdruck zu bringen, kann sich provoziert oder verletzt fühlen.

Die Verlierer der Bekenntniswettbewerbe fühlen sich oft diskriminiert

Seit einigen Jahren häufen sich die Fälle, bei denen Bilder in den Sozialen Medien als diskriminierend empfunden werden. So kam es etwa zu Auseinandersetzungen, weil sich Frauen, die ihre Babys nicht stillen können, als schlechte Mütter herabgesetzt fühlen. Sie geben an, insbesondere von Fotos gestört zu sein, auf denen Mütter das Stillen als natürlich und schön in Szene setzen. Das deuten sie als Wertbekenntnis, vor allem aber suggerieren ihnen diese Bilder, dass sie als Versagerinnen und »Bürger zweiter Klasse« (»second class citizens«) angesehen werden.[137] Im Frühjahr 2015 protestierten einige von ihnen ihrerseits mit einer Bild- und Videokampagne, bei der sie jeweils eine mit einem Wort beschriftete Tafel in die Kamera hielten, um ihre Gefühle dem Stillen gegenüber zum Ausdruck zu bringen. Zu lesen war von »Kampf« (»struggle«) oder »Hürdenlauf« (»hurdles«), und die Frauen sprachen über ihr schlechtes Gewissen und ihre Schuldgefühle (»guilt«).[138] Die gesamte Kampagne lief unter dem aus ›breast‹ und ›pressure‹ gebildeten Hashtag #bressure, und es dauerte nicht lange, bis die Gegenseite reagierte. Vom Stillen überzeugte Frauen posteten Bilder, die sie mit #brelfie – ›breast‹ und ›selfie‹ – verschlagworteten und die nun ausdrücklich ein Bekenntnis zum Stillen sein sollten.[139]

Besonders heftige Debatten löste ein Foto des brasilianischen Supermodels Gisele Bündchen aus, das nicht nur ihr Baby an der Brust, sondern zugleich drei Personen mit kosmetischen Arbeiten an ihren Haaren, Augen und Händen beschäftigt zeigt. Sosehr Bündchen damit den Wert ›Mutterschaft‹ oder den Wert ›Work-Life-Balance‹ demonstrieren und anderen Frauen Mut zusprechen wollte, so sehr provozierte sie viele derer, die nicht reich sind und sich kein Personal leisten können. Durch das Foto von Bündchen wird ihnen bewusst, dass sie selbst nie so gute Mütter und nie so erfolgreich im Job sein werden. Vielleicht schürt das ein schlechtes Gewis-

»Das härteste Bild aller Zeiten« (»most badass pic of all time«): Womit eine Mutter andere Mütter provozieren und verletzen kann

sen, vielleicht weckt es auch das Gefühl, benachteiligt zu sein, in jedem Fall aber empfinden sie die Veröffentlichung eines solchen Fotos als arrogante, unsensible Geste des (wertstolzen) Models. In den Kommentaren auf Bündchens *Instagram*-Account ist deshalb, abgesehen von neidvollen Äußerungen oder Versuchen, die Leistung des Models zu schmälern, immer wieder davon die Rede, dass das Foto »aufgebracht« (»upset«) oder »beleidigt« (»offended«) habe.[140]

Wenn aus materiellem Wohlstand immaterieller Wohlstand wird, ist das gefährlich

Der Fall bestätigt, wie wichtig materielle Voraussetzungen dafür sind, um überhaupt nach Werten leben zu können, und wie sehr Wohlstand heutzutage dabei hilft, (moralisches) Vorbild zu sein. Der Fall zeigt aber auch, wie gefährlich es ist, wenn materieller Wohlstand gleichbedeutend mit immateriellem Wohlstand ist. Dass Werte im Unterschied zu Tugenden und Pflichten nicht grundsätzlich von allen Menschen gleichermaßen gelebt werden können, potenziert soziale Unterschiede.

Außerdem lässt sich an die Diagnosen mancher Kritiker denken, etwa der Journalistin Laura Ewert, die behauptet, eine Plattform wie *Instagram* »zerstört das Glück durch seine permanente Verbildlichung«. Jedes schöne Bild werde nämlich als Imperativ empfunden, der dazu auffordere, ebenfalls Schönes zu zeigen, mindestens genauso nach Werten zu leben und ein perfektes Leben zu führen. Wer es aber nicht kann, muss sich als Versager und schlechterer Mensch fühlen. Aus dessen Perspektive »hetzen und verhöhnen« die Bilder also sogar; sie führen zu einem »Wettrüsten« und vergiften das gesellschaftliche Klima. Deshalb spricht Ewert sich – wenn auch als Zuspitzung – »für ein Bilderverbot« aus.[141]

Damit aber wird auf Zustände, die an die Zeiten vor der Reformation erinnern, auch mit protestantischen Affekten reagiert. Diejenigen, die nicht privilegiert genug sind, um ihre Werte zu realisieren, ja denen es nicht vergönnt ist, materiellen Wohlstand in Gewissenswohlstand zu verwandeln, wollen nicht länger zulassen, dass andere immer noch mehr moralische Überlegenheit erlangen und demonstrieren. Aus Kampagnen wie #bressure und aus Texten, in denen der in den Sozialen Medien ausgetragene Foto-Wettbewerb um das gute und das beste Leben angeklagt wird, sollten daher unbedingt Debatten darüber entstehen, wie eine weitere Eskalation von Gefühlen wie Neid, Scham, Wut und Verletzung zu verhindern wäre.

Sollte immaterieller Wohlstand besser verborgen bleiben, um nicht zu provozieren?

Da unwahrscheinlich ist, dass vorhandene Chancenungleichheiten überwunden werden und künftig alle Menschen ungefähr dieselben Voraussetzungen haben, um nach ihren Werten leben zu können, ließe sich vielleicht zumindest an neuen Höflichkeitsstandards arbeiten. Als Vorbild könnte eine oft angewandte Strategie von Reichen fungieren, die sich vor dem Neid anderer zu schützen suchen, indem sie so wenig wie möglich von ihrem Lebensstil preisgeben. Die Orte, an denen sie sich aufhalten, sind meist abgelegen und exklusiv, viele ihrer Aktivitäten finden geradezu in einem Parralleluniversum statt, das für andere Menschen nicht sichtbar ist.[142]

Ließe sich denn eine derartige Disziplin des Verbergens nicht auf alles ausdehnen, was Neid oder Minderwertigkeitsgefühle auslösen könnte? Sollte also nicht besser auf das Zeigen verzichtet werden, wenn man besonders gesunde und ökologische Nahrungsmittel zu sich nimmt, eine gute Mutter ist oder einen Altbau fachgerecht renoviert hat, weil man weiß, dass das Realisieren von Werten andere Menschen mindestens genauso frustrieren kann wie fremder Reichtum? Nach und nach hätten gerade die Privilegierteren zu lernen, dass es in einer Kultur, die über einen bloßen Materialismus hinauswächst und in der Werte und immaterielle Güter wie gutes Gewissen an Bedeutung gewinnen, auch auf viel mehr Feldern zu Konflikten kommen kann und somit eine größere Sensibilität gefordert ist.

Zu einer künftigen Ethik sollte es daher gehören, Grenzen zwischen dem Zeigen und dem Verbergen neu festzulegen und insbesondere die Situationen zu beschränken oder zu ritualisieren, in denen man das eigene gute Leben sichtbar macht. Man müsste nicht so radikal werden, Bilder zu verbieten, vielmehr würde es oft schon genügen, wäre etwas weniger auf ihnen zu sehen. Ließe sich nicht viel erreichen, verhielte man sich aus Rücksicht auf diejenigen, die unter schlechteren Bedingungen leben, diskreter als bisher? Und könnte das nicht zugleich die Konsequenz haben, dass alle, die weiterhin damit angeben, wie gut es ihnen gelingt, Werte zu realisieren, als rücksichtslos gelten würden?

Werte gelten nur, wenn sie sichtbar manifestiert werden

Wer solche Vorstellungen hegt, unterschätzt jedoch, wie stark das Zeigen, Bekennen und Vermitteln zum Realisieren von Werten dazugehört. Ein Wert ist nicht durchzusetzen, wenn man diskret damit umgeht. Man kann, folgt man einer Wertethik, nur moralisch sein, wenn man zugleich und zuerst kreativ ist, also ein Handeln, eine Situation, eine Umgebung eigens gestaltet. Ein Wert wird erst real, wenn nicht nur man selbst ihn so erlebt, sondern wenn auch andere, egal wie sie zu ihm stehen, seine Geltung spüren. Durchgesetzt ist der Wert sogar erst, wenn man seine Geltung durch andere zurückgespiegelt bekommt. Ein Wert kann und darf somit nicht im Verborgenen bleiben.

Heißt das aber nicht, dass eine Gesellschaft, in der eine Wertethik vorherrscht, zwangsläufig instabil wird? Führt ihre Dominanz nicht dazu, dass sowohl Menschen mit unterschiedlich guten Voraussetzungen, Werte zu realisieren, in Konflikt geraten als auch diejenigen einander als fremd, gar als feindlich empfinden, die sich für verschiedene Werte einsetzen? Ist eine wertethisch grundierte Gesellschaft auf Dauer nicht sogar unfähig, das Mindestmaß an Höflichkeit zu etablieren, das es braucht, um den sozialen Frieden zu sichern? Müssen nicht im Gegenteil Konkurrenz, Aufrüstung und Diskriminierung immer weiter eskalieren?

Medienkritik müsste heute auch als Wertekritik betrieben werden

Von einer Tyrannei der Werte zu sprechen ist damit erst recht naheliegend. Zugleich bekommt ihre Umschreibung als ›regulative Fiktionen‹ wieder einen negativen Charakter: Werden sie nicht nur deshalb so penetrant in Szene gesetzt, weil sie an sich gar keine Geltung besitzen und völlig unverbindlich sind? Überspielt man das also nur mit viel Bekenntnisenergie und stellt die Werte wirklicher dar, als sie eigentlich sind? Ist alles, was sich um sie dreht, letztlich einfach nur eine Übertreibung, ein Popanz, eine Lüge? Derartige Fragen wecken Misstrauen, das alles umfasst, worin sich Werte verwirklichen und womit sie vermittelt werden, etwa eine Handlung, ein Projekt, ein Bauwerk oder ein

Foto. Dieses Misstrauen zielt darauf, das jeweils Maßlose, Exzentrische eines Wertbekenntnisses zu entlarven. Wertekritik ist damit eine Spielart von Medienkritik – und umgekehrt.

Allerdings ist Medienkritik viel verbreiteter als Wertekritik, und den meisten fällt gar nicht auf, dass sie implizit das eine betreiben, wenn sie explizit das andere tun. Ist es heute also selbst und gerade bei Bloggern und Akteuren der Sozialen Medien beliebt, an deren Bildwelten »gekünstelte Perfektion« zu kritisieren, die »wenig mit unserer Realität zu tun« habe, und fordert man dann »statt grüner Smoothies am Morgen und bunter Yogamatten [...] ein unaufgeregtes Frühstück aus Kippen, Kaffee und Medikamenten« als Bildsujet, dann bleibt unreflektiert, dass mit genau den Motiven, denen ein Fake-Charakter unterstellt wird, Werte vermittelt werden sollen. Es heißt, dass die vielen überinszenierten Bilder »unsere psychische Gesundheit maßgeblich beeinflussen« und »uns unter Druck setzen und an uns zweifeln lassen«. Doch wird wenig darüber nachgedacht, warum bloße Surrogate überhaupt so heftige Folgen haben können.[143] Das aber ist der Fall, weil in all den perfekten Fotos Werte zum Vorschein kommen – und dies umso realer, je schöner und geschönter die Sujets sind.

Sowohl diese aktuelle Spielart von Medienkritik als auch eine Wertekritik im Stil Carl Schmitts haben aber einen gemeinsamen Vorläufer. Sie variieren jeweils eine Argumentation, die zuerst von Platon überliefert ist. In seinem Staatsentwurf *Politeia* (ca. 387 v. Chr.) entwickelt er bezogen auf Bilder die These, diese seien an sich nichts Reales, sondern bloßer Schein, letztlich also Täuschung und Lüge, »weit entfernt von jeglicher Wahrheit«, gerade deshalb aber nicht nur schwach, sondern auch gefährlich. Wo es keine Bindung an die Wahrheit gebe, seien Willkür und Übertreibung möglich, ja geradezu zwangsläufig; dadurch aber entstehe Unsicherheit und Verwirrung. Wer Bilder mache, bringe daher »jeden in eine schlechte Gemütsverfassung«. Deshalb sei es nur »legitim«, so Platons Folgerung, die für Bilder Verantwortlichen »aus unserem Staat, der eine perfekte Verfassung haben soll, aus[zu]schließen«.[144]

Wer heute angesichts von Fotos der Sozialen Medien ein Bilderverbot fordert, erweist sich ebenso als Platoniker wie jemand, der Wertethiken einen Hang zur Tyrannei unterstellt. Sie alle misstrauen Artefakten und erblicken darin etwas, das Menschen, obwohl (oder gerade weil?) es ihre Hervorbringungen sind, Schaden zufügt, ihnen grundsätzlich nicht gemäß ist. Bilder und Werte verbindet so eine geradezu tragische Gemeinsamkeit: Beide geraten in den Verdacht der Gewalttätigkeit.

Obwohl bildskeptische Argumente üblicherweise in ganz anderen Umgebungen vorgebracht werden als wertkritische Äußerungen, ein Zusammenhang zwischen beiden also kein Diskussionsthema ist, kenne ich zumindest eine Ausnahme. Martin Heidegger denkt in seinem Aufsatz »Die Zeit des Weltbildes« (1938) ›Bild‹ und ›Wert‹ parallel, vielleicht auch veranlasst durch Schelers These, dass ein Wert erst realisiert wird, wenn ein »Bildinhalt« dazukommt.[145] Jedenfalls erkennt Heidegger in Werten wie in Bildern Akte einer Vergegenständlichung. So bringe der Mensch in ein Bild, »was er [...] vor sich haben und somit in einem entschiedenen Sinne vor sich stellen will«.[146] Da er Werte als »die Vergegenständlichung der Bedürfnisziele des vorstellenden Sicheinrichtens« definiert, sieht Heidegger in ihnen ebenso wie in Bildern das Ergebnis des Versuchs, etwas zu fixieren und sich damit eine objektive Grundlage zu verschaffen.[147] Was in ein Bild gefasst oder zum

Wert erklärt wird, soll Sicherheit und Verbindlichkeit gewähren.

Die Vergegenständlichungsbedürfnisse aber deutet Heidegger als Folge einer generellen Unsicherheit der Menschen in ihrem Verhältnis zur Welt. Diese Unsicherheit sei in der Neuzeit gewachsen, deshalb seien die Werte eine jüngere Erfindung – so wie zugleich immer mehr visualisiert werde und neue Bildmedien wie der Film entstanden seien. In einer Vorlesung warnte Heidegger einige Jahre später, es sei ein »Verhängnis«, zu glauben, »seiend sei nur noch das und seiend sei eigentlich erst das, was ›auf den Film kommt‹«.[148] Im Gegenteil sei alles Vergegenständlichte und Fixierte »in gewisser Weise des Seins verlustig« gegangen, werde nur noch dürftig und eindimensional erfahren.[149]

Martin Heidegger hat ›Bilder‹ und ›Werte‹ als zwei parallele Symptome der Seinsvergessenheit interpretiert

Fortschrittliche Bildmedien und die Karriere von Wertethiken sind für Heidegger somit Symptome einer großen Verfallsgeschichte und Seinsvergessenheit. Und je mehr die Menschen diese spürten, sich aber dagegen auflehnten, indem sie noch gründlicher vergegenständlichten, also noch mehr Bilder machten und Werte noch besser systematisierten, desto dramatischer verfehlten sie die Fülle des Seins. Sosehr mit einem Wert Sinn und Bedeutsamkeit ausgedrückt sein solle, so sehr sei er doch nur »die kraftlose und fadenscheinige Verhüllung der platt und hintergrundlos gewordenen Gegenständlichkeit des Seienden«.[150] An anderer Stelle bezeichnet Heidegger »das Denken in Werten« sogar als »die größte Blasphemie, die sich dem Sein gegenüber denken« lasse; alles werde auf einen »Gegenstand für die Schätzung des Menschen« reduziert und auf nüchtern-kalkulierende Weise heruntergerechnet. Einer Sache einen Wert zuzuschreiben, heiße, dass »das so Gewertete seiner Würde beraubt wird«.[151]

Damit ist das Wertedenken, folgt man Heidegger, doppelt unzulänglich. Zum einen bedeutet das Vergegenständlichen – und damit auch Isolieren – einzelner Werte eine Herabsetzung des darin Vorgestellten und damit im Weiteren eine Selbsttäuschung des Menschen. Zum anderen aber begünstigen die brachial verkürzenden Werte ein bloß instrumentelles Denken, das wiederum zu Maßlosigkeit führt, die Heidegger generell als Folge der Seinsvergessenheit bestimmt. Was bei Platon nur für Bilder galt, gilt bei Heidegger also auch für Werte: Sie stehen fernab jeglicher Wahrheit, und mit ihnen nehmen Willkür und Unsicherheit überhand.

In den Spielarten heutigen Designs und Marketings, aber auch in politischen Wertedebatten würde Heidegger vermutlich nicht nur eine Bestätigung seiner Diagnosen erblicken, sondern sähe sich herausgefordert, diese nochmals zu verschärfen. Oder ist ein in einem Produkt materialisierter und isolierter Wert nicht endgültig zum Ding geworden: davon gar nicht mehr zu unterscheiden? Und ist ein Grundwertekatalog nicht noch verlogener als innerhalb eines philosophischen Systems eingeordnete Werte? Endet der Wunsch, einzelne Bedürfnisse dingfest zu machen, nicht in viel zu abstrakten, pseudo-realen Wertbegriffen, um zu mehr als oberflächlichen Bekenntnissen führen zu können?

Während Schmitt aus der Abstraktheit der Werte folgert, dass sie umso stärker demonstriert werden müssten und dadurch mächtig und tyrannisch würden, sind sie für Heidegger durch und durch seinsleer und schwach. »Keiner stirbt für bloße Werte«, heißt es bei ihm voller Verachtung.[152] Doch ist seine Kritik der Werte und überhaupt eine kulturkritische Perspektive nicht zu einseitig? Ist sie nicht ebenso einseitig wie die Kritik der Bilder, die schon bei Platon von einem Abgrenzungs-, wenn nicht einem Herabsetzungsbedürfnis der Philosophen gegenüber konkurrierenden Formen der Evidenzstiftung genährt war?

Statt Bildern – und, daraus abgeleitet, Werten – einfach nur eine ontologische Schwäche zu unterstellen, sollte man lieber ernst nehmen, dass sie dennoch erfolgreich sind und was sich Menschen von ihnen erhoffen. Das aber gelingt am besten, wenn man an den Punkt zurückkehrt, von dem die protestantische Bildkritik ihren Ausgang nahm. Sie gründet darauf, dass Menschen von Bildwerken irgendeine Art von Heil erwarten, was nicht nur dazu führt, dass sie sich in falscher Sicherheit wähnen, sondern ihnen auch suggeriert, zur Verbesserung der eigenen Heilsbilanz immer noch mehr tun zu müssen. Die Geschichte vom Goldenden Kalb diente Protestanten als warnendes Beispiel, zu welchen Exzessen der Verausgabung sich Menschen in ihrer Heilssehnsucht verleiten lassen.[153] Diejenigen hingegen, die keine Gelegenheit haben, Bildwerke zu stiften und anzubeten, fürchten nicht nur, unerlöst zu bleiben, sondern müssen zudem damit rechnen, von anderen – mit mehr Heilswohlstand – hochmütig behandelt zu werden. So erhöht ein Kult um Bilder insgesamt den Druck.

Dass Bilder und Werte erfolgreich sind, wird im Rückgriff auf protestantische Theoreme verständlich

Protestanten störten sich somit mehr an einem bestimmten Umgang mit Bildern als an diesen selbst. Sie akzeptierten sie genauso wenig als Heilsquellen wie gute Werke. Doch so klar das theologisch begründet war, so schwer war es, auch nur den eigenen Anhängern alte Gewohnheiten komplett auszutreiben. Die Verehrung von Bildern und Artefakten blieb vielmehr wie ein Denken in Kategorien von Werkheiligkeit weiterhin attraktiv. Das alles mochte als dummer Aberglaube verurteilt werden, bahnte sich aber umso mehr alternative Wege, als es offiziell verboten war.

Der Protestantismus konnte die Sehnsucht nach vielseitigen Heilsquellen nicht unterbinden

Die Sehnsucht nach weltlichen Heilsquellen hat über die Jahrhunderte hinweg also diverse Ausprägungen angenommen. In der Kunst fand sie die wohl erste neue Anlaufstation, die von den Kirchen erstaunlich wenig bekämpft wurde und insofern als legitim galt. In Kunstwerken erblickten viele Betrachter ab dem 18. Jahrhundert ein Potenzial für Läuterung und Psychotherapie; sie erhofften sich davon (zumindest ein wenig) Transzendenz und spirituelle Energien. Und nachdem in der Romantik sogar eine richtige Kunstreligion entstanden war, wandten sich vor allem Protestanten von ihrem Glauben ab und suchten fortan vor Gemälden und in der Musik, was ihnen in ihrer Kirche versagt geblieben war.[154]

Der Philosoph Odo Marquard deutet die Karriere der Kunst als Heilsinstanz zu Recht als »Rettung der Werkgerechtigkeit unter Bedingungen des (lutherischen) Protestantismus«; »die ›guten Werke‹« seien »zu guten ›schönen Werken‹« säkularisiert worden und hätten so »die kleine – die menschenmögliche – Erlösung« in Aussicht gestellt.[155] Da die ›schönen Werke‹ aber – so könnte man Marquards These fortschreiben – nur in der Rezeption, also nur innerhalb einer ›vita contemplativa‹ zu wirken versprechen, der Mensch aber mindestens genauso das Bedürfnis hat, sich durch eigenes Tätigsein, also innerhalb einer ›vita activa‹ Heilsverdienste zu erwerben, genügte die Kunst als Nachfolgerin ›guter Werke‹ auf Dauer nicht. Die Leerstelle, letztlich noch immer eine Spätfolge des Protestantismus, füllten nun aber die Werte – so wie sie ab dem späten 19. Jahrhundert aufkamen: als Werke, die sich in Handlungen, Projekten, Lebenshaltungen realisieren.

Als gute sowie schöne Werke sind Werte so sinnstiftend wie zuletzt die Kunst

Werte, die Gestalt angenommen haben, sind sowohl gute als auch schöne Werke. Da sie gleichermaßen als moralisch und als kreativ qualifizieren, sind sie nicht nur irgendein neues Werkzeug für Menschen auf der Suche nach Seelenheil, sondern stellen geradezu die Summe und Vollendung jahrhundertelanger Experimente mit Handlungen und Artefakten dar. In den Hoffnungen, die sich auf Werte richten, in den

Praktiken derer, die sie manifestieren und sich zu ihnen bekennen, sind die Ideen und Verheißungen von Werkheiligkeit und Kunstreligion vereint. Dass das Realisieren von Werten sowohl als sinnstiftend erfahren wird wie auch Anerkennung einbringt, bereitet ihnen eine geradezu beispiellose Attraktivität, ganz unabhängig von Konfessionen oder Weltanschauungen.

Damit wird die überraschende und große Karriere der Werte, die ihre Kritiker – allen voran Heidegger – mit ihren Kategorien nicht erklären können, aber endlich vollständig nachvollziehbar. Die Werte bieten sogar schon mitten im alltäglichen Leben eine Aussicht auf sinnerfüllte Momente, lassen sie sich doch fast jederzeit – und auch im Kleinen – umsetzen. Da sie aber nicht zuletzt ein Heilsdefizit kompensieren, das durch den Protestantismus entstanden war, braucht es nicht zu verwundern, wenn ihr Boom zu Verhältnissen führt, die erneut protestantische Affekte wecken: Je weltlicher die Heilsquellen sind, desto mehr fallen alle materiellen und anderen Unterschiede zwischen Menschen ins Gewicht und desto wahrscheinlicher werden soziale Konflikte.

Dass sich die Werte der Tradition der Werkheiligkeit und der Kunstreligion verdanken und deshalb zur Grundlage des heutigen Gewissenshedonismus werden konnten, findet in etlichen jüngeren kulturellen Praktiken eine Bestätigung. Am offensichtlichsten dürfte es bei dem seit einigen Jahren boomenden Kunstaktivismus sein, dessen Begriff, auch in der Vokabel ›Artivismus‹ gefasst, sowohl auf die Tradition der Kunst wie auf die Werke einer ›vita activa‹ verweist. Meist initiiert eine Gruppe von Aktivisten, die sich als Künstler verstehen, ein Projekt oder eine Handlung im Stil von Happenings und Performances, wobei andere

Menschen zum Mitmachen eingeladen sind. Gemeinsam bringt man dann bekenntnishaft einen Wert wie ›Humanität‹, ›Toleranz‹ oder ›Multikulturalität‹ zur Gestalt.

Im Kunstaktivismus leben die Traditionen von Werkheiligkeit und Kunstreligion fort

Sowohl in seiner auf Partizipation angelegten Form als auch wegen der Heilsgewissheit, die er den Mitwirkenden bietet, erinnert der Artivismus an barock-immersive Inszenierungen der Gegenreformation. Bestand das Ziel damals in der Überwältigung des Publikums durch illusionistische Effekte und multisensorische Inszenierungen, mit denen das Reich Gottes Außenstellen im Diesseits erhielt, so schaffen Artivisten reale Handlungsräume, innerhalb derer sich Rezipienten in Akteure verwandeln. Mit bloßen Symbolen und Theaterbühnen begnügt man sich also nicht (selbst wenn man lieber mit Theatern als mit Kunstinstitutionen zusammenarbeitet). Vielmehr geht es etwa bei Aktionen des 2008 gegründeten Berliner *Zentrums für Politische Schönheit (ZPS)*, das im Folgenden exemplarisch betrachtet sei, um echte Tote (ertrunkene Flüchtlinge, die man begraben will), um echte Tiger (von denen sich zum Märtyrertod Bereite fressen lassen wollen) und um echte rechte Politiker (zu deren Verfluchung oder gar Tötung man aufruft).

Die Mitglieder der Gruppe, die es allerdings als »schlicht beleidigend« empfinden, angesichts »der mit einer Aktion verbundenen Sorgfalt, Ausgefeiltheit und Vorproduktionszeit« nur als Aktivisten bezeichnet zu werden,[156] treten grundsätzlich mit rußbeschmierten Gesichtern auf. Auch das soll die Echtheit des Geschehens bezeugen und einen Ausnahmezustand signalisieren: als hätten sie sich bei einer Rettungsaktion in Todesgefahr begeben. Ihr gesamtes Agieren steht damit von vornherein unter dem Zeichen von Stigma und Opfer. Sie selbst bezeichnen diese Geste treffend als »politischen Expressionismus«.[157]

Aktivisten des *Zentrums für politische Schönheit:* Ruß als Stilmittel eines »politischen Expressionismus«

Das erklärte Ziel aber ist politische Schönheit: eine Symbiose von moralischen und ästhetischen Qualitäten, ein ebenso gutes wie künstlerisch-kreatives Handeln. Damit geht es ausdrücklich um die Verbindung der beiden Eigenschaften, die jemandem zugesprochen werden, der Werte realisiert. Wie stark sich das *ZPS*, aber auch andere Aktivistengruppen um beides bemühen, zeigt sich ferner daran, dass sie programmatisch zwischen Kunstanspruch und politischem Wirkanspruch changieren und sich zwar je nach Situation entweder lieber an Kriterien der Kunst oder eher an Kriterien politisch-moralischen Handelns messen lassen wollen, nie aber den einen Anspruch zugunsten des anderen aufgeben.

Das *Zentrum für politische Schönheit* will das Selbstwertgefühl der Menschen stärken, da nur dann mehr Humanität möglich sei

Sofern die Aktivisten und alle, die an ihren Projekten mitwirken, ihr Tun als politisch schön erleben, fühlen sie sich selbst erfüllt von Sinn, erfahren sich also als wertvoll, ihre »Geisteshaltung« als »›integer‹, ›nobel‹, ›hehr‹«, wie es auf der Website des *ZPS* heißt.[158] Dass die Menschen insgesamt zu wenig Selbstwertgefühl haben, wird zugleich als Grundübel der gegenwärtigen

Welt beklagt, wobei Philipp Ruch, Gründer und Leiter des *ZPS*, insbesondere die modernen Naturwissenschaften, aber auch die Psychoanalyse für diesen Mangel verantwortlich macht. Er nähert sich Nihilismus-Diagnosen rechter Antimodernisten, wenn er schreibt: »Je mehr wir durch die Brille der Naturwissenschaften die Zufälligkeit und Bedeutungslosigkeit des Menschen zu erkennen meinen, desto zufälliger und bedeutungsloser werden wir.«[159] Das führe nicht nur zu »Depressionen und Ohnmachtsgefühle[n]«, sondern beeinflusse auch die Art und Weise, wie Menschen sich gegenseitig behandeln. Wer sein Gegenüber nicht wie sich selbst für wertvoll halte, werde grausam und gewissenlos. Eine Demokratie funktioniere also nur, wenn man »überzeugt von der Werthaftigkeit des Menschen« sei.[160] Dazu müsse man zuerst sein eigenes Handeln als wertvoll erleben.

Ruch steht Scheler und Hartmann viel näher als Nietzsche, wenn er den Menschen als »ein *wertempfindendes* Wesen« beschreibt und es ablehnt, in ihm ein »›wertesetzendes Tier‹« zu sehen.[161] Das erschiene ihm ähnlich willkürlich und nihilismusanfällig und damit genauso entwürdigend wie das Denken der Naturwissenschaften. Und wie für Hartmann Dichter dabei helfen sollen, das an sich Wertvolle aufzuspüren, ist es für Ruch die Kunst, vor allem die Aktionskunst, der diese Aufgabe zukommt. Indem sie den Menschen die Gelegenheit verschafft, sich an schönen und guten Taten zu beteiligen, kann sie die durch Rationalismus und Naturwissenschaft profanierte, entwertete Welt rückverzaubern. »Wir müssen uns« – so Ruchs Appell – zur »menschlichen Werthaftigkeit [...] bekennen, und schon verwandelt sich auch die vermeintlich brutale Realität und Empirie in einen Garten Eden«.[162]

Wer Werthaftigkeit intensiv erfährt und in einer Aktion selbst an der Realisierung von etwas Schönem und

Gutem mitwirkt, dem öffnet sich also ein Rückweg ins Paradies. Ruch und das *ZPS* verstehen sich somit als Produzenten von Läuterung und Erlösung. Mit ihren Projekten errichten sie eine Infrastruktur, innerhalb derer andere Menschen sich – erstmals? – wieder als wertvoll, ihr Tun als sinnstiftend, ihr Gewissen als gut begreifen können. Sie verschaffen Zugang zu einer Heilssubstanz, die, glaubt man ihren eigenen Worten, lange Zeit nahezu unerreichbar war.

Alle Aktionen des *ZPS* finden unter der nur auf den ersten Blick paradoxen Losung »aggressiver Humanismus« statt. Wenn Menschlichkeit der Wert ist, der in ihnen manifest, geradezu hyperreal werden soll, kann man dies insofern als aggressives Werk, ja als ›tyrannische‹ Wertevermittlung bezeichnen, als ausgehend davon die aktuelle »Trockenphase der Weltgeschichte [...] mit Schönheit [ge]tränkt«, die bestehende Ordnung also weggespült werden soll.[163] Solche Formulierungen erwecken auch den Eindruck, dass die Menschen, um die es in den Aktionen vordergründig geht, lediglich den Stoff liefern, mit dem agiert, Handeln demonstriert und Wertschöpfung betrieben wird. Das *ZPS* will nicht daran gemessen werden, ob die Aktionen einzelnen Flüchtlingen das Leben retten oder wie vielen Notleidenden sie konkret helfen. Wichtig ist vielmehr, dass bei den Mitwirkenden ein Gefühl der Ergriffenheit angesichts der vermeintlich historischen Dimension des eigenen Handelns aufkommt.

Dies wird umso wirkungsvoller als Akt »menschlicher Großgesinntheit« erfahrbar,[164] je größer die verhandelten Themen sind, weshalb das *ZPS* darauf besteht, dass »sich unsere Aktionen einzig und allein mit der Massenvernichtung von Menschenleben [...] auseinander[setzen]«.[165] Die Aktionen gelingen zugleich umso besser, je mehr Menschen mitwirken. Im Rahmen der Aktion »Die Toten kommen« beteiligten sich rund 5000 Menschen an einem »Marsch der Entschlossenen«, der am 21. Juni 2015 in Berlin stattfand und auf der Wiese vor dem Bundestag endete, wo die Aktivisten anfingen, Gräber für ertrunkene Flüchtlinge auszuheben. Ausgehend davon wurden, basierend auf einer DIY-Anleitung des *ZPS*, auch in anderen Städten Grabstellen errichtet. Auf einer Website wurden Fotos diverser Gräber gesammelt.[166]

Das *Zentrum für Politische Schönheit* fordert Bekenntnisse zur »menschlichen Werthaftigkeit« und bietet daher Teilhabe an guten und schönen Werken

Wer keine Zeit oder Lust hat, direkt an einer Aktion teilzunehmen, kann sich einer Crowdfunding-Kampagne anschließen oder zum »Komplizen« werden. Dann spendet man regelmäßig Geld und wird »Teil des *ZPS*«. Dafür geworben wird mit dem Argument, »Sie erhalten nirgendwo so viel Aufruhr und Dissens für jeden gespendeten Euro wie bei uns«.[167] Der Aufruhr, der mit den Aktionen in der Gesellschaft und im Establishment von Politik und Medien verursacht werden soll, ermöglicht zugleich die Gewissensberuhigung derer, die daran mitwirken oder etwas spenden. Ähnlich wie ehedem Vertreter der Kirche bestärken allerdings auch heutige Artivisten vorhandene Schuldgefühle zuerst noch eigens – sind wir nicht für die im Mittelmeer Ertrunkenen, für die Kriegsopfer in Syrien, für viele andere Tote mitverantwortlich, produziert unser Wohlstand nicht allenthalben Opfer? –, bevor sie mit den Aktionen etwas anbieten, das demonstriert, dass andere – Politiker und Wirtschaftsunternehmen – noch viel schuldiger sind als man selbst, das aber vor allem die Möglichkeit eröffnet, die eigene Schuld abzutragen. Man geht dann ein Kommerzium mit dem Politaktivismus ein, nicht anders als ein Gläubiger der vorreformatorischen Zeit ein Kommerzium mit Gott einging.

Dass Kritiker des *ZPS* deshalb von einem »humanistischen Ablasshandel« sprechen,[168] passt auch insofern, als die Prämien bei Crowdfunding-Kampagnen oft aus Reliquien bestehen. Als »Goodie der Extraklasse« bekommt man für 5000 Euro einen »Original-Akku-Schrauber«, der bei einer früheren Aktion im Einsatz war. Auch gibt es Bekenntnis-Outfits, für 100 Euro etwa ein T-Shirt mit der Aufschrift »Menschheit«.[169] Bei *Tools for Action* kann man für denselben Betrag »einen echten Teil der Barrikade«, also wiederum eine Reliquie erwerben, mit der bei einer Kunstaktion ein Nazi-Aufmarsch behindert wurde.[170]

Mehr Selbstwertgefühl wird nur denjenigen zugestanden, die eine Gegenleistung bieten

Dass der Zugang zur Heilssubstanz innerhalb des Artivismus an Bedingungen geknüpft wird, also nur geläutert werden soll, wer bereit ist, etwas dafür zu geben, zeugt nicht nur davon, wie sehr die Logik des Konsums auch hier regiert, sondern bricht zudem mit einem Prinzip, das für die gesamte Moderne prägend war. Die therapeutische Wirkung von Kunst erklärte man spätestens seit (dem Protestanten) Kant damit, dass die Rezipienten »ohne alles Interesse« sind, sich also in einem Modus freier Reflexion und Kontemplation befinden, was sowohl eine aktive Teilhabe als auch ein kommerzielles Verhältnis ausschloss.[171] Vielmehr kennzeichnete es die Idee der Kunstreligion, die Heilssubstanz der Werke, statt sie einer privilegierten Minderheit zu reservieren, an öffentlichen Orten wie dem Museum allen Menschen gleichermaßen zugänglich zu machen.

Gerade in den letzten Jahrzehnten wurde dieser Anspruch eines egalitären Zugangs zur Kunst nochmals erneuert und sogar erhöht, wie zahlreiche Bemühungen um Kunstvermittlung und Inklusion belegen. In ihnen vereint sich die Kunstreligion mit einem sozialdemokratischen Denken. Das ist, als hätte man im Mittelalter den Ablasshandel speziell für Ärmere erleichtert. Kunstvermittlung ist also ein sekundärer Protestantismus, nachdem der primäre Protestantismus mit dem Aufkommen der Kunstreligion als einer weltlichen Heilsquelle zuerst einmal einen Rückschlag hinnehmen musste.

Der Kunstaktivismus unterstützt die Entstehung von Gewissenshedonismus und Moraladel

Da der Artivismus den Nimbus der Kunst aber mit der Tradition der Werkheiligkeit verbindet, erhält er im Gegenteil eine exklusive Dimension. Das macht ihn zur bevorzugten Kunstform einer gegenwärtig entstehenden Gewissensaristokratie: von Menschen, die sich nicht nur viele Gedanken über ihr moralisches Selbstwertgefühl machen, sondern denen es auch wichtig ist, andere darin zu übertrumpfen und immer wieder Situationen zu erleben, in denen sie die Sicherheit verspüren, besser zu sein. Man muss Gruppen wie dem *ZPS* daher die Frage stellen, wie sehr ihnen bewusst, ja ob es von ihnen gar gewollt ist, dass durch ihre Aktionen verschiedene Milieus der Gesellschaft noch weiter auseinanderdriften und sich Ressentiments gegen Menschen im Wertewohlstand verstärken.

Ferner ist zu überlegen, ob die Artivisten nicht dasselbe wie zahlreiche Markenhersteller praktizieren, wenn sie es zu ihrem Ziel erklären, das Selbstwertgefühl ihrer Mitstreiter zu befördern. Statt auf einem Alleinstellungsmerkmal der Kunst zu beharren, sind sie also nur ein weiterer Dienstleister einer gewissenshedonistisch geprägten Gesellschaft – mit dem Vorteil gegenüber einem Hersteller von Tee oder Turnschuhen, dass der Kunst traditionell nicht nur schöpferische Kraft, sondern auch moralische Integrität zugetraut wird. Dennoch ist es einer Konkurrenzsituation geschuldet, wenn Artivisten sich darum bemühen, anderen Gruppen, Projekten und Gesten kreative und moralische Kompetenz abzusprechen. So kritisiert Philipp Ruch, Organisationen wie *Amnesty International* würden ihre Kampagnen »fabrikfertig« entwerfen;[172] Online-Petitionen werden grundsätzlich als Instrument eines bloß »platonischen Protests« eingeschätzt.[173] Erst recht werden Leistungen des Staates und der steuerzahlenden Bürger für Migranten oder andere Menschen in Not verachtet – als könne nur der persönliche Einsatz von Einzelnen, aber keine Institution etwas bewirken.

Statt ihr eigenes Publikum zu verunsichern oder zu Selbstzweifeln zu veranlassen, wie es während der Avantgarden angestrebt und etwa auch noch von Christoph Schlingensief als einem Vorläufer des heutigen Aktivismus betrieben wurde, nähren jetzige Artivisten lieber das Selbstwertgefühl ihrer Klientel und formen sie zu einem Moraladel. Gerade Menschen, die sich auch sonst kaum eine Gelegenheit entgehen lassen, ihren Gewissenswohlstand zu mehren, die aber vielleicht selbst nicht so kreativ sind, wie sie es gerne wären, nehmen dieses Angebot dankbar an. Wenn sie dabei noch das Gefühl haben dürfen, das Grundproblem der heutigen Welt sei ein beschädigtes Selbstwertgefühl, werden sie erst recht dazu ermuntert, sich an der Schönheit des eigenen Tuns zu berauschen: Als könne tatsächlich nur aus einem stark ausgeprägten Selbststolz, aus einem Moraladel ein neuer Humanismus hervorgehen.

Was passiert, wenn das Selbstwertgefühl in Hochmut und Dünkel umschlägt?

Zu diesem moralaristokratischen Denken passt es, wenn Artivisten wie Philipp Ruch höchstens individuelle große Vorbilder aus der Geschichte gelten lassen, die mit ihren Taten und ihrem Wirken den sonst »perfekten Nihilismus empfindlich stör[en]«, weil sie Werte real werden und damit Sinnhaftigkeit entstehen lassen.[174] Dies erinnert an die wichtige Rolle, die Scheler Vorbildern zugewiesen hat, der damit seinerseits einem Moraladel den Weg bereitete. Man könnte den Philosophen aber auch als Kronzeugen gegen das Selbstverständnis von Gruppen wie dem *ZPS* ins Spiel bringen. Scheler warnt denjenigen, der sich selbst als moralisches Vorbild, gar als Führer begreift, also einen »Sitten- und Seinsstolze[n]«, ausdrücklich davor, sein »Wertbewusstsein immer stärker auf den bloßen Punkt des Ich« zu richten. Dann drohe er nämlich als jemand zu enden, »der sich in einer Einöde selbst langsam erwürgt«. Noch deutlicher schreibt Scheler, dass derjenige, »dessen Auge auf seinem Wert – wie gebannt – hängt, [...] notwendig in Nacht und Finsternis [lebt]. Seine Wertewelt verdunkelt sich von Minute zu Minute; denn jeder erblickte Wert ist ihm wie Diebstahl und Raub an seinem Selbstwert.«[175]

Scheler zufolge besteht also nur ein schmaler Grat zwischen einem vorbildhaften Moraladel und einem destruktiven Moraldünkel, und er glaubt gerade nicht, dass ein gesteigertes Selbstwertgefühl das generelle Wertebewusstsein fördert und daraus auch Wertschätzung für andere Menschen erwächst. Wer sich über andere und über anderes erhebe, werde infolge seines Sittenstolzes im Gegenteil »von allen Gütern und Werten« losgelöst und könne diesen keine Liebe mehr entgegenbringen. Um so etwas wie Humanismus zu entwickeln, braucht es daher eine andere Haltung: Demut statt Hochmut. Jene nämlich, so Scheler, öffne »das Geistesauge für alle Werte der Welt«.[176] Nur wer sich selbst nicht wichtig nimmt, nur wer in der Lage ist, zu lieben, ist frei und unvoreingenommen genug, um ein differenziertes Werterleben einüben und ausprägen und damit zu einem Vorbild werden zu können.

Der ungarische Philosoph Aurel Kolnai führte Schelers Gedanken 1931 in einem Aufsatz über Hochmut weiter aus, den er vom Stolz abzugrenzen versucht. Während Letzterer immer ein Objekt habe (man ist ›auf etwas‹ stolz), komme es, wenn an dessen Stelle »die Betontheit des ›eigenen Selbst‹ als höchster Wertverkörperung tritt«, zu Hochmut. Dann genießt man nicht »den Lichtglanz, der von seinen ›Wertsachen‹ ausgestrahlt wird«, sondern »lebt in sich selbst als Lichtspender«.[177] Man wähnt sich gleichsam mit einem Heiligenschein versehen.

An diese Metaphorik fühle ich mich erinnert, wenn Philipp Ruch und seine Mitaktivisten auf ihrer Website schreiben, »das *ZPS* exploriert [...] Handlungen mit moralischer Lichtintensität«.[178] Gewiss ist das etwas verspannt formuliert, aber lässt sich daran zweifeln, dass auch hier Stolz in Hochmut umgeschlagen ist und das Bewusstsein des eigenen Wertes alles andere überstrahlt?

Daher verwundert nicht, dass gerade die Aktivsten des *ZPS* zum Teil schroffe Ablehnung erfahren und stärker polarisieren als andere zeitgenössische Künstler. Viele, die die politischen Anliegen der Artivisten eigentlich teilen, empfinden Auftreten und Verlautbarungen etwa von Philipp Ruch als provozierend oder erblicken darin, wie die Sängerin Sophie Hunger, »Narzissmus«.[179] Da gerade bei humanitären Aktionen eine aus Altruismus, Dankbarkeit oder Bescheidenheit gespeiste Haltung erwartet wird, wiegt diese Einschätzung umso schwerer.[180]

Mich befremdet es jedenfalls, dass jemand den Menschen erst aufwendig zur Krone der Schöpfung stilisieren muss, um einen Grund zu haben, sich für andere einzusetzen. Ist es nicht gerade ein Symptom von

Hochmut, dass hier offenbar kein natürliches Mitgefühl existiert? Auch finde ich es seltsam, wenn Aktivisten sich nur mit den größten Verbrechen – Genoziden – befassen wollen, so als sei alles andere unter ihrer Würde, kein hinreichender Auslöser für ein Empfinden von Erhabenheit. Ein weiteres Indiz für eine hochmütige Haltung könnte darin bestehen, dass es den Artivisten des *ZPS* gleichgültig zu sein scheint, ob sie durch ihre Projekte auch Menschen mit einer anderen politischen Einstellung für sich gewinnen. Ich stimme der Kunstkritikerin Kia Vahland zu, wenn sie bemängelt, die Aktivisten des *ZPS* wollten nur »die eigenen Fans darin bestätigen, moralisch auf der richtigen Seite zu sein«, während ihr »merkwürdige[r] Überlegenheitsgestus« nicht »zu politischem Denken und Handeln« führe, ja sogar »offene Debatten [verhindert], anstatt sie zu befördern«.[181]

Artivisten mögen sich politisch geben, doch sind sie insofern unpolitisch, als sie ihre Projekte nicht darauf ausrichten, möglichst viel Überzeugungskraft zu entfalten. Vielleicht minderte es gar den für die eigenen Anhänger attraktiven exklusiven Charakter, adressierten sich die Aktionen auch an Menschen, die noch keine klare Haltung haben oder eine konträre Position vertreten.

Dass neue Anhänger oder Mehrheiten nicht das Ziel sind, sondern Gesten des Bekennens genügen, ist aber auch dem bereits diskutierten Umstand zuzuschreiben, wonach die Kunst seit geraumer Zeit vornehmlich in Umgebungen auftaucht, in denen die politische Ausrichtung von vornherein klar ist, es also weder nötig noch möglich ist, sich in einem aus divergierenden Positionen bestehenden Feld zu behaupten. Wenn die Kunst aber im öffentlichen Raum auftritt und sogar gezielt die Grenzen zu politischen Demonstrationen und Akten zivilen Ungehorsams verwischt, wirkt es arrogant und überheblich, dass sie nur an wenige spezielle Milieus gerichtet ist. Kommen dann noch, wie im Fall des *ZPS*, wertstolze Gesten hinzu, sind ressentimentgeleitete Reaktionen unvermeidlich.

Rebound-Effekte als Folgen des Kunstaktivismus?

Würde man den Kunstaktivismus an seinen gesellschaftlichen Folgen messen, wäre er daher wohl nicht nur ein Flop, sondern sogar gefährlich, da er zu moralischen Rebound-Effekten führt. Bei Menschen, die den Wertstolz als aggressiv empfinden, drohen die derart demonstrierten Werte in Misskredit zu geraten; plötzlich kommt ihnen etwas wie ›Menschlichkeit‹ oder ›offene Grenzen‹ verstiegen, pompös und selbst schon arrogant vor. Sie wenden sich davon ab, kokettieren gar mit konträren Werten, werden aber vor allem das Gefühl nicht mehr los, in der Gesellschaft seien unauflösliche, unproduktive Differenzen entstanden. Damit aber verschlechtert sich das soziale Klima, und wer erst einmal dafür sensibilisiert ist, auf solche Differenzen zu achten, wird sie vermutlich auch anderswo wahrnehmen.

Es gibt bereits ein ganzes Genre ihrerseits bekenntnishafter Texte, die derartige Rebound-Effekte dokumentieren. Sie stammen von Menschen, die, nachdem sie erst einmal misstrauisch gegenüber Attitüden moralischer Selbstsicherheit in ihren eigenen Reihen wurden, an sich selbst immer stärkere Absetzbewegungen feststellen, denen sie zuerst noch zu widerstehen versuchen, die sie dann jedoch auch gegenüber anderen eingestehen. Die oft negativen Reaktionen führen sie dazu, noch weiter auf Distanz zu dem zu gehen, was sie als selbstgerecht-naiv, als dünkelhaft-ignorant empfinden.

Der Moraladel und seine Opfer

So erging es etwa dem grünen Tübinger Oberbürgermeister Boris Palmer. Als ihm im Herbst 2015 auffiel, wie »hoch moralisch« Flüchtlingsdebatten geführt wurden und wie wenig realpolitische Argumente noch zählten, und als er sich »im falschen Film wieder[fand]«, da er den Ton, in dem »das leuchtende Deutschland« sich wegen seiner Willkommenskultur in den Medien »feierte«, nicht mehr nachvollziehen konnte, verfestigte sich bei ihm schließlich der Eindruck, dass es »auf der guten Seite [...] kaum mehr auszuhalten« war. Er äußerte öffentlich Zweifel an der Flüchtlingspolitik, was aber nicht etwa zu mehr Diskussionen führte, sondern dazu, dass Palmer sich als »unmoralischer Mensch beschimpfen lassen« musste. Auf einmal erfuhr er, wie es sich anfühlt, von dem linksliberalen Milieu, dem er eigentlich selbst angehört, als Rechter behandelt und geächtet zu werden. Die wertstolzen Attacken, denen er ausgesetzt war, »bekehren«, so seine Beobachtung, »niemand. Sie verstärken den Unwillen.« Daraus folgert er, dass die Gesellschaft nur dann vor einem Absturz in Populismus und Extremismus – vor massenhaften Rebound-Effekten – zu bewahren ist, »wenn das linksliberale städtische Bürgertum seine moralische Selbsterhöhung überwindet und Toleranz für Andersdenkende auch praktiziert, wenn es weh tut«.[182]

Auch in der politischen Philosophie ist die These gängig, dass eine Moralisierung von Debatten, in denen der jeweilige Gegner zum Bösen herabgewürdigt wird, Populisten und Extremisten Zulauf beschert. So erklärt die Philosophin Chantal Mouffe das Erstarken rechtspopulistischer Parteien damit, dass Politik seit geraumer Zeit zunehmend »im Register der Moral ausgetragen wird«. Deshalb würden Opponenten »nicht als ›Gegner‹, sondern als ›Feinde‹ behandelt«. Aus Angst, selbst ausgestoßen zu werden, übernähmen viele die Mehrheitsmoral; man würde es auch genießen, »sich eine großartige Vorstellung vom eigenen moralischen Wert zu verschaffen«, könnte sich aber »des eigenen Gutseins [nur versichern], indem man das Böse bei anderen brandmarkt«. Die als böse Abgewerteten nähmen ihre

Rolle schließlich an und kämpften offen gegen die nur noch als scheindemokratisch empfundenen Moraleliten. So bildeten sich Extreme, und innerhalb der demokratischen Institutionen verkümmerten nach und nach alle kontroversen Debatten. Politische Gegensätze, so Mouffe, könnten »keine agonistische Gestalt [mehr] annehmen«, also nicht in geregelter, kanalisierter Form ausgetragen werden. Und solange die Moraleliten sich weiterhin damit wehrten, ihre Gegner zu denunzieren, verschärften sich die Gegensätze und könnten den »demokratischen Institutionen sehr gefährlich werden«.[183]

Der Argumentation von Kritikern wie Palmer und Mouffe kann man vorwerfen, dass sie allein linksliberale Moralbürger für eine Destabilisierung der Gesellschaft verantwortlich machen. Wer nach rechts driftet und, im wörtlichen Sinne demoralisiert, bei Populismus und Extremismus landet, erscheint dann als Opfer, erfährt aber zumindest Verständnis. Und liest man derartige Analysen noch weniger wohlwollend, wird man ihren Autoren unterstellen, sich von den Extremisten sogar eine Rettung zu erhoffen: Würden diese nicht dafür sorgen, dass endlich Schluss mit all der Moral und Hypermoral ist und wieder offen gestritten werden kann, da man sich als Gegner wechselseitig respektiert?

Die Gegner des (linksliberalen) Moraladels sind erst recht gefährlich

Grund für eine solche Annahme besteht allerdings nicht. Vielmehr würden auch im Falle veränderter Mehrheitsverhältnisse tagtäglich Werte beschworen werden. Und diejenigen, die das tun, würden daraus genauso viel Selbstbewusstsein und Gewissensstolz ziehen wie heutige Moralbürger. Allerdings würden in einer von Rechten dominierten Gesellschaft auf andere Weise als in einer linksliberalen Gesellschaft kontroverse Debatten weitgehend vermieden. Blickt man etwa auf das Konzept des Ethnopluralismus, wie es die Identitäre Bewegung vertritt, dann besteht das

Ziel darin, dass jedes Volk klar von anderen Völkern getrennt lebt, innerhalb eines Volkes aber alle dieselbe Sprache, dieselbe Tradition und dieselben Werte teilen. Es existiert somit von vornherein Eintracht; politische Differenzen reduzieren sich auf Sachfragen und Einzelfälle, gehen aber nicht ins Grundsätzliche. Die Rechten mögen den Linksliberalen vorwerfen, mit der Idee einer multikulturellen Gesellschaft Differenzen zwischen Ethnien zu verharmlosen und alles künstlich zu harmonisieren, doch streben sie ihrerseits nach einer Harmonie, die mindestens ebenso artifiziell anmutet, zumal sie Homogenität verlangt und auf einem geradezu metaphysischen Glauben an die Kraft von Grenzen beruht.

Innerhalb einer multikulturellen Gesellschaft beruft man sich möglichst allgemein auf Werte, um damit zu »beruhigen« und »Indifferenz« herzustellen, wie Andreas Urs Sommer es formuliert.[184] Die Rechten setzen hingegen auf Werte, weil sie glauben, damit könnten Ethnien ihre jeweilige Identität stärken. »Wir« und »unsere Werte« bedeutet für Vertreter der Identitären Bewegung dasselbe,[185] und um dies noch zu verdeutlichen, berufen sie sich eigens auf »Kernwerte«. In einem Strategiepapier äußern sie die Zuversicht, viele Menschen könnten »sich um die identitären Kernwerte sammeln und unsere Parolen und Bilder annehmen«, ja »durch wirksamen Aktivismus« würden »unsere Werte [...] den Mainstream [beeinflussen]«.[186]

Rechte Gegenbewegungen setzen auf ›Kernwerte‹ zur Identitätsstärkung

Ihnen ist also bewusst, wie sehr Werte einer kreativen und engagierten Realisierung – einer ›Bildkomponente‹ – bedürfen, um Geltung zu erlangen. Einmal mehr sind es die Sozialen Medien, in denen, oft mit digitalen Collagen, Memen und Motiven aus der Geschichte romantisch-heroischer Ästhetisierung, Bekenntnisse in Szene gesetzt werden. Stärker als in vielen anderen Szenen kommt den Bildern dabei auch

Antimodernismus, propagiert in den Sozialen Medien: Opfer- und Heldenästhetik zur Beförderung rechter »Kernwerte«

eine propagandistische Funktion zu; mit ihnen sollen nicht nur die eigenen Leute motiviert, sondern auch neue Anhänger gewonnen werden.

Wenn dasselbe mit Aktionen im öffentlichen Raum versucht wird, fallen jedoch strategische Mängel auf. Sosehr man sich nach eigenem Bekunden am Artivismus orientiert, selbst zum Provokateur wird und zivilen Ungehorsam praktiziert, so wenig offen ist man zugleich für partizipative Formate. Indem sie vielmehr konspirativ agieren, können die wenigen Aktivisten das zwar als Abenteuer erleben, doch versäumen sie es, auch anderen Menschen das Gefühl zu geben, bei der Realisierung von Werten aktiv mitzuwirken. Paradoxerweise werden Werte also gerade dort, wo sie Gemeinschaft stiften sollen, besonders exklusiv demonstriert.

Vermutlich würden die rechten Aktivisten dies damit begründen, dass ihre Aktionen nie angemeldet, also illegal seien, weshalb auch nicht vorab dafür geworben werden könne. Die Heimlichkeit sowie das Risiko strafrechtlicher Konsequenzen stärkt dafür ihren Opferstatus, was das Wertbekenntnis noch unterstreichen soll. Die »Bereitschaft zum Schmerz und zum Opfer« ist auch ein festes Motiv: Durch heldenhafte Vorbilder, die sich im Extremfall sogar in Märtyrer verwandeln, glaubt man (und könnte sich dabei auf Scheler berufen), das eigene Milieu besser stärken zu können als durch Angebote zur Teilhabe.[187]

Marken- und Konsumwelt rechter Bewegungen

Da auch die Identitären den Konsumismus als einen ihrer »Kernwerte« benennen,[188] setzen sie wie nahezu alle anderen Gesellschaftsgruppen zudem darauf, bestimmte Werte, ja ihren gesamten Habitus durch eigene Marken und Produkte zu stärken. Eine dieser Marken ist das Label *Infowars*. Ursprünglich von dem Journalisten Alex Jones als Radiosender und Online-Nachrichtenportal gegründet, hat das Unternehmen seine Geschäftsfelder immer stärker ausgeweitet und erfreut sich mittlerweile internationaler Kundschaft. Im Angebot sind etwa Trinkwasserfilter, Tropfen mit Namen wie *Super Male Vitality* oder *Survival Shield* oder auch Tabletten, die *DNA Force* heißen.

Produkte der Marke *Infowars* mobilisieren zum Abwehrkampf gegen die multikulturelle Welt

Diese Produkte versprechen zusätzliche (virile) Kräfte, suggerieren aber zugleich, dass es ohne sie kein Überleben mehr gäbe: Das eigene Land, der eigene Körper seien im Ausnahmezustand, stünden unter höchster Anspannung; umstellt von feindlichen, untereinander verschworenen Mächten – Terroristen, Massenmedien, Linken –, habe man sich mit aller Gewalt zu verteidigen. Nur ein Mittel wie *Brain Force plus* mache wach und konzentriert genug, um den Herausforderungen gewachsen zu sein.

Damit werden bei *Infowars* allerdings nur die dramatischen Plots einer kaputten, vergifteten Umwelt radikalisiert, die schon jeder Creme, die »outdoor protection« verheißt, oder jedem als detoxisch deklarierten Früchtetee zugrunde liegen. Man hat kapiert, dass Menschen umso mehr Geld ausgeben, je heftiger und konkreter man ihre Ängste schürt. Hohe Preise steigern zudem nicht nur das Wirkversprechen (und eventuelle Placebo-Effekte), sondern alarmieren weiter: So schlimm ist es schon, dass nur noch etwas sehr Teures hilft – wie Medizin und Waffen. Während linke und ökologische Labels ihren Kunden das schmeichelhafte Gefühl geben, mit ihrem Konsum hätten sie Anteil an der Verbesserung der Welt und dürften daher ein gutes Gewissen haben, mobilisieren die Produkte von *Infowars* vor allem den Selbsterhaltungsinstinkt. Auch hier geht es nicht um Partizipation an einem guten Werk, sondern um Heroismus – darum, stärker als die Feinde zu sein und für sichere Grenzen sorgen zu können.

Während rechtsgerichtete Kreise auf martialische Wertverkörperungen, auf Vorbilder, Opfer und Angst setzen, um Identitäten und Identifikationen zu forcieren, ist in linksliberalen Milieus und vor allem bei Politikern die Tendenz zu beobachten, es in Reden und auf Webseiten bei standardisierten Formulierungen der Wertebeschwörung zu belassen, um jene Indifferenz noch zu steigern und Gemeinsamkeiten vieler Gruppen und Milieus zu suggerieren. Sie nutzen das Harmonisierungspotenzial von Werten, wenn sie diese im indefiniten Plural belassen und wahlweise einfach nur davon sprechen, durch Werte geprägt zu sein, diesen zu folgen, sie zu verteidigen, auf ihnen zu bestehen. Das soll ein wenig, aber nicht zu philosophisch klingen und ist an die Menschen allgemein adressiert, die ja alle Sinnbedürfnisse und damit mehr als bloß materielle Interessen haben.

Standardisierte Wertbekenntnisse führen zu Politikverdrossenheit

So nachvollziehbar eine solche Strategie ist, die alle einschließen soll, ohne sie zugleich auf etwas Bestimmtes zu verpflichten, so problematisch ist sie jedoch auf Dauer. Wer sie nutzt, unterschätzt oder vergisst, dass Werte jeweils wieder neu zum Ausdruck gebracht – gestaltet – werden müssen. Sie nur pauschal und in ritualisierten Wendungen im Munde zu führen heißt daher, ihren Werkcharakter zu missachten: den Anspruch zu verfehlen, in der Realisierung von Werten eine im weitesten Sinn schöpferische Leistung zu vollbringen. Die angestrebte Indifferenz endet dann in Langeweile, und es kann als nachlässig, gar als dreist empfunden werden, wenn sich jemand zwar zu Werten bekennt, dabei aber keine Ambition erkennen lässt, sie auch prägnant zur Gestalt zu bringen. Niklas Luhmann meinte 1997, Politiker könnten »sich, heute jedenfalls noch, auf Werte berufen, ohne daß der Vorwurf des Zynismus« aufkäme.[189] Mittlerweile scheint das jedoch nicht mehr garantiert. Die oft beklagte Politikverdrossenheit und im Weiteren die Attraktivität von Strömungen, deren Extremismus mehr Verbindlichkeit verspricht, hat vielmehr einen Grund auch darin, dass viele Politiker dem von Werten ausgehenden Kreativitätsimperativ schon seit etlichen Jahrzehnten nicht folgen wollen oder können.

Erschwerend kommt hinzu, dass Werte andernorts, wie deutlich wurde, stark und verführerisch in Szene gesetzt werden. Designer oder Architekten leisten so viel Wertevermittlung, dass es beinahe schon selbstverständlich ist, ihre Arbeit als politisch anzusehen und hochzuschätzen. Für manche, etwa den Designtheoretiker Friedrich von Borries, steht »der Bedeutungszuwachs von Design« sogar in direkter Korrelation »zum

Bedeutungsverlust des Politischen«, das sich »nur noch« auf die »Verwaltung des Alltags« beschränke und »nicht mehr für die Sinnstiftung« zuständig sei.[190]

Inszenierungen von Politikern in den Sozialen Medien

Allerdings sind Gegenentwicklungen nicht ausgeschlossen und zum Teil bereits zu erkennen. Immerhin bedienen sich auch immer mehr Politiker der Sozialen Medien und experimentieren dort mit unterschiedlichen Strategien. Fokussieren sich manche auf Wahlkampf und posten vor allem markige Sprüche und Attacken auf Gegner, dokumentieren andere lieber ihren Berufsalltag oder bringen ihr Privatleben ins Spiel. Je unkonventioneller, vielleicht auch mutiger eine Inszenierung – ein Bild, eine Geste, eine Aussage – ist, desto mehr Autorität lässt sich damit gewinnen, zeugt das doch von Einsatz und Verkörperung, also davon, dass die betreffende Person echte Überzeugungen und Werte besitzt.

»Sich Gedanken machen darüber, was wirklich zählt«: Selfie der CSU-Politikerin Dorothee Bär

Der US-Wahlkampf 2016 wurde nicht zuletzt dadurch entschieden, dass Hillary Clinton im Unterschied zu Donald Trump und seinem Clan die Sozialen Medien

Man hat nichts zu verbergen: Ivanka Trump zeigt den Lifestyle ihrer Familie, auch und gerade im Wahlkampf

zu wenig und zu ungeschickt nutzte, um sich mit Authentizität aufzuladen. Waren Verzicht und Diskretion in ihrem Fall vielleicht sogar der Einsicht geschuldet, mit Bildern, die den privaten Lebensstil zeigen, weniger privilegierte Menschen einschüchtern und verletzen zu können, zögerte die Trump-Familie nicht, ihren Reichtum – eher materielle als immaterielle Werte – auf diversen Kanälen stolz zu demonstrieren. Gewiss wurde das auch als obszön empfunden, doch sahen viele darin einen Beleg, dass die Trumps zu dem stehen, was sie sind und haben. Im Kontrast zum rücksichtslosen Zeigen erschien Clintons Nicht-Zeigen als aktives Verbergen und damit als Zeichen mangelnder Ehrlichkeit. (Nur deshalb konnte auch die Affäre um verschwundene oder gelöschte Mails zum Dauerbrenner des Wahlkampfs werden.)

Passen Parteien in eine wertethisch orientierte Gesellschaft?

Dass Werte in der Politik oft schlecht vermittelt werden, ist jedoch nicht das einzige Problem. Zur Entfremdung vieler Menschen von der Politik trägt zusätzlich bei, dass sie nach wie vor durch Parteien gelenkt wird, deren Funktionsweise aber noch aus Zeiten stammt, als Ziele in Ideologien und Programmen formuliert und nicht in Werten zum Ausdruck gebracht wurden. Durch den Konsumismus daran gewöhnt, sich jeweils für einen Wert entscheiden und bei nächster Gelegenheit wieder neu wählen zu können, fühlen viele Menschen sich also unfrei und entmündigt, wenn sie sich in einer Partei einer Räson unterwerfen und zu einem kompletten Programm bekennen sollen. So lässt sich eine weitere Korrelation vermuten, wonach das (Partei-)Politische umso mehr an Attraktivität eingebüßt hat, je stärker sich wertethische Denk- und Handlungsweisen durchgesetzt haben.

Aber nicht nur Parteien geraten in einer wertethisch verfassten Gesellschaft in die Krise. Das gilt genauso für Kirchen und viele Vereine: für alle Institutionen und Formen öffentlichen Lebens, die eine feste Weltanschauung verlangen. Dagegen sind Institutionen und Veranstaltungsformate im Aufwind, die dazu geeignet sind oder sogar gezielt dazu dienen, einzelne Werte auszuleben und bekenntnishaft zu realisieren. Die meisten von ihnen sind erst im Zuge des Hypes um die Werte entstanden: Fitnessstudios, Festivals, Eine-Welt-Läden, Reenactments, Heimwerkermärkte, Christopher-Street-Days. Sie alle sind entweder Orte des Konsums oder zumindest stark konsumistisch geprägt, bieten aber zugleich die Gelegenheit, sich individuell, vielleicht auch kreativ auszudrücken und darin von Gleichgesinnten bestärkt zu werden. Werte werden auf diese Weise, ähnlich wie bei Aktivitäten in den Sozialen Medien, intensiv erlebbar. Man kann sich mit ihnen geradezu schmücken, während man bei Institutionen und Ereignissen, die von Ideologien und Programmen getragen sind, als Einzelner zu verschwinden droht.

Bringt eine wertethisch verfasste Gesellschaft neue Institutionen hervor?

Die vielen Spielarten, in denen tagtäglich millionenfach Werte realisiert werden, setzen unterschiedliche und gewiss auch neue Formen schöpferischen Tuns frei. Da noch in keiner anderen Epoche oder Kultur eine so enge Verbindung zwischen kreativen Fähigkeiten und moralischen Qualifikationen hergestellt worden sein dürfte wie im heutigen Zeitalter der Werte, verdienen diese Spielarten auch mehr Beachtung, als ihnen bisher zukam. Fälschlicherweise wird vieles davon der Trivialkultur zugeordnet, und erst recht fehlt es an Methoden, um diesen meist ephemeren und schwachen Formen von Kreativität gerecht zu werden.

Wie zu anderen Zeiten und trotz mancher Krise des Werkbegriffs gibt es auch heute Künstler, die Meisterwerke schaffen, in denen Phänomene neu zur Geltung kommen und Erfahrungen sich bewundernswert verdichten. Aber das wirklich Besondere der Gegenwart als einer Wohlstandskultur besteht in den unübersehbar vielen Manifestationen von Werten, die ihrerseits den Charakter von Werken annehmen. Eine einzelne Werteverwirklichung mag wenig bedeutsam erscheinen und einer anspruchsvollen Idee von Werk nicht gerecht werden, doch sobald man darauf zu achten beginnt, wie viele Realisationen einzelne Werte erfahren, kann man ahnen, wie wichtig diese für die Menschen geworden sind. Wird ein Wert auf eine weitgehend standardisierte Weise zum Ausdruck gebracht, zeugt dies – wie etwa bei ›Nachhaltigkeit‹ – von einem Bedürfnis nach unmissverständlichen, also kodifizierten Bekenntnissen. Stößt man hingegen – wie etwa bei ›Reinheit‹ – auf immer wieder andere Bildmuster, Gesten und Rituale, wirkt ein Wert offenbar stimulierend. In jedem Fall aber lässt sich ein Wert, der oft und mit Engagement realisiert wird, als ein Meisterwert würdigen.

Was sind Meisterwerte?

Ich bin der Überzeugung, dass wir heute eher in Zeiten wahrer Meisterwerte als in Zeiten großer Meisterwerke leben. Fraglos hatten auch früher viele Menschen den Ehrgeiz, sich gut zu benehmen und dazu beizutragen, dass die Welt besser wird, aber erst seit man ethische Fragen in Wertefragen übersetzt, werden bei moralisch ambitioniertem Handeln zugleich in großem Umfang kreative Energien freigesetzt. Da das jedoch auch bedeutet, dass es noch nie zuvor so erfüllend und schön war, noch nie zu so viel Individualität und Selbstbewusstsein verhalf, moralisch sein zu wollen, ist zugleich ein Wertekult entstanden. Jeder will sich wieder und wieder bekennen, noch ein paar Werte für sich entdecken, den materiellen Wohlstand so weit wie möglich in einen immateriellen Wohlstand umwandeln und endlos viel gutes Gewissen genießen.

Und das ist der Grund für mein Unbehagen, das gewachsen ist, je länger ich darauf geachtet und darüber nachgedacht habe, was die Karriere der Werte und, damit einhergehend, die neue Bekenntniskultur bedeuten. Immer wieder verspüre ich den Impuls, die Werte so zu entzaubern, dass es ihnen ergeht wie der Werkheiligkeit im Protestantismus oder den Künsten bei Rousseau. Und allen, die begeistert und selbstverständlich über Werte sprechen, würde ich gern ein paar Fragen stellen. Zum Beispiel: Würden sie genauso handeln, wenn sie nicht das Gefühl hätten, sich damit zu bestimmten Werten zu bekennen? Oder: Was hat es für Folgen, dass es viel mehr Werte als Tugenden gibt – dass also etwa ›Selbstlosigkeit‹ sowohl eine Tugend als auch ein Wert ist, ›Selbstachtung‹ hingegen nur ein Wert, aber keine Tugend? Oder: Wie positiv darf das Bild, das eine Ethik vom Menschen zeichnet, eigentlich sein? Oder: Braucht es nicht Instanzen, die das viele gute Gewissen, das heute angehäuft wird, auch wieder abtragen? Oder: Braucht es nicht erst recht Instanzen, die dafür sorgen, dass materielle Armut nicht automatisch auch immaterielle Armut bedeutet?

Zugleich weiß ich, dass die Verführungskraft der Werte groß ist und kein Unbehagen dagegen ankommt. Sie geben zu viel Kredit, um auf sie verzichten zu können oder auch nur zu wollen. Sie bereichern das tägliche Leben so sehr, dass zumindest kein friedlich-freiwilliger Weg zurück in Zeiten ohne Werte denkbar ist. Man stelle sich nur vor, das gesamte Marketing inszenierte auf Produkten plötzlich keinerlei Wertversprechen mehr. Auf einer Teepackung stünde also nur noch ›Tee‹ und nichts von Freundschaft oder Reinheit oder Weltverbesserung. Gewiss käme es zu Sinn- und Identitätskrisen, Menschen fühlten sich in ihren Handlungsmöglichkeiten beschnitten und auf einen schnöden Materialismus zurückgeworfen.

Die Hersteller hätten mit ähnlich vorwurfsvollen Reaktionen zu rechnen, wie sie dem Philosophen Friedrich Theodor Vischer widerfuhren, als er Allegorien kritisierte und die Forderung erhob, endlich auf diese »Perücke der Kunst« zu verzichten. Die »ernste Antwort« eines Künstlers lautete: »Sehen Sie, wohin Sie gerathen, wenn Sie die Idee aus der Kunst wegnehmen.«[191] War es aber selbst im Fall der wenig geschätzten Allegorien offenbar schon unmöglich, sie einfach abzuschaffen, so wäre erst recht ausgeschlossen, die Werte aus Konsumprodukten oder aus der Kunst, der Politik oder der Wohn- und Freizeitwelt wegzunehmen. Andererseits ist die Zeit der Allegorien doch noch zu Ende gegangen, und ebenso kann dies mit den Werten geschehen.

Der Kult um die Werte ist nicht einfach zu beenden

Sollte ich die Zeichen richtig gedeutet haben, dass in einigen Milieus der Gesellschaft der Unmut über den Wertstolz anderer wächst und sich ein Klima verstärkt, in dem man über Differenzen weniger diskutiert, als sich darüber zu erregen, könnte sogar ziemlich schnell und abrupt ein Ende der Werte drohen. Im Fall offener Konflikte und gewaltsamer Auseinandersetzungen würden mit der Wohlstandswelt zugleich viele Möglichkeiten verlorengehen, Werte zu realisieren. Fehlen aber erst einmal die Ressourcen, um dem, was man für wichtig hält, Ausdruck zu geben, fehlt es an Zeit, Spielraum, materiellen Voraussetzungen, um Werte kreativ zu gestalten und damit zur Geltung zu bringen, dann werden sie bald schal. ›Regulative Fiktionen‹, die etwas bewegen können, verkümmern zu bloßen Fakes, an die niemand mehr glaubt.

Die Folgen eines Wohlstandsverlusts

Die Folgen davon, dass viele Menschen ihren materiellen und ihren immateriellen Wohlstand zugleich einbüßen, kann man sich kaum schlimm genug ausmalen. Während Menschen, die gemäß einer Tugend- oder Pflichtethik leben oder an einen religiösen Glauben gebunden sind, daraus auch und gerade dann noch Sinn schöpfen können, wenn ein Unglück sie heimsucht, fängt den mittellos Gewordenen in einer wertethisch geprägten Gesellschaft nichts mehr auf. Man kann in ihr doppelt reich sein, aber eben auch doppelt arm. Dass es in der Wertethik offenbar keinen Kompensationsmechanismus gibt, kommt risikofreudigen oder naiven Menschen entgegen, impliziert aber auch eine erschreckende Trostlosigkeit. Letztendlich ist eine Wertethik kalt und herrisch, in ihr mag es Genies der Werteverwirklichung geben, aber einen Hiob wird sie nie hervorbringen.

Es sollte zu einem allgemeinen Anliegen werden, den Charakter und die Gefahren einer Wertethik zu diskutieren. Möglichst viele Menschen aus verschiedenen Bereichen der Gesellschaft sollten darüber nachdenken, in welchem Umfang und wie die stimulierenden und komfortablen Dimensionen des Wertebooms erhalten bleiben könnten, obwohl man sich zugleich darum bemüht, dessen für die Gesellschaft und den Wohlstand bedrohliche Konsequenzen einzudämmen.

Lassen sich die Gefahren einer Wertethik eindämmen?

Vielleicht gelangte man auch dazu, genauer als bisher zwischen moralischen Werten und anderen Arten von Werten zu unterscheiden. Dann gälte ein Wertbekenntnis nicht mehr zwangsläufig als Beleg für eine moralische Qualifikation, sondern würde als das genommen, was es meistens ist: der Versuch, das eigene Leben ein wenig sinnvoller zu gestalten. Ein derartiges moralisches Abrüsten hätte zur Folge, dass es bei den Privilegierten weniger Grund zu Wertstolz, zu Gewissenshedonismus und Überheblichkeit gäbe, es entspannte jedoch auch die Gemütslage der weniger Privilegierten, die dann zwar nach wie vor Neid, aber nicht mehr unbedingt Minderwertigkeitsgefühle empfänden. Gut wäre es, wenn die Menschen einüben könnten, hinter Wertbekenntnissen, selbst wenn sie noch so laut sind, nicht sogleich aggressive Absichten zu vermuten. Statt sie auf die eigene Person zu beziehen und sich beleidigt oder verletzt zu fühlen, sollte man sie wiederum als das nehmen, was sie meistens sind: Zeichen selbstbewusster Freude derer, denen es gelingt, das eigene Leben ein wenig sinnvoller zu gestalten.

Abgesehen von Techniken, die dazu beitragen, die Leuchtkraft von Werten zu dimmen, könnte man sie aber auch gezielter als bisher zum Einsatz zu bringen versuchen. Bestünde nicht eine Chance darin, dass man Teile der Gesellschaft, die bisher Diskussionen untereinander verweigern, dadurch zu einem direkten Austausch ihrer Ansichten bewegt, dass man ihnen deutlich macht, wie sehr sie alle sich in ihrem Handeln auf Werte berufen? Agieren sie damit nicht von vornherein im selben Rahmen, so groß ihre Unterschiede sonst auch sein mögen? Würde man eine Auseinandersetzung etwa zwischen Linksliberalen und Rechten damit beginnen, die indefiniten Werteplurale jeweils aufzulösen, sollte doch aller gegenseitigen Verachtung zum Trotz ein Ausgangspunkt gefunden sein, um sich wechselseitig etwas besser zu verstehen und die andere Seite als grundsätzlich gleichrangig anzuerkennen. Werte haben Streit bislang eher verhindert oder verlagert. Man sollte ihre mögliche Rolle als Vermittler, als Starthilfen eines Streits hingegen ernsthaft prüfen.

Mir ist bewusst, dass mein Unbehagen über die Karriere der Werte und sämtliche daraus entwickelten Überlegungen sich ihrerseits einer privilegierten Position verdanken. Das Nachdenken über die Folgen einer Wertethik ist ebenso abhängig von Wohlstand wie diese selbst. Unter anderen Verhältnissen, ja schon aus anderen Perspektiven auf dieselbe Gesellschaft müssen meine Ausführungen belanglos erscheinen, vielleicht auch zu kapriziös oder als launiger Schnörkel. Umso mehr ist mir daran gelegen, dazu beizutragen, dass Verhältnisse fortbestehen, in denen es als herausfordernde und wichtige Aufgabe gelten kann, die Rolle der Werte für das Zusammenleben von Menschen genauer zu verstehen.

1 Ähnlich im Englischen: Das ›v‹ von ›values‹ vibriert wie unter Spannung, das ›a‹ wird noch etwas stärker gedehnt und betont, als nötig wäre.

2 www.flaconi.de/annemarie-boerlind/#online.

3 Friedrich Nietzsche: *Nachgelassene Fragmente 1885–1887. Kritische Studienausgabe*, hg. v. G. Colli/M. Montinari, München 1988, S. 162 (Nachgelassene Fragmente Herbst 1885 – Herbst 1886 2[193] (7)).

4 www.loreal.de/gruppe/wer-wir-sind/unsere-grundwerte-und-ethischen-grundsätze

5 Vgl. z.B. Antrag Nr. C 46 – LV Rheinland-Pfalz für den 28. Parteitag der CDU Deutschlands am 14./15. Dezember 2015 in Karlsruhe, auf: www.cdu.de/system/tdf/media/dokumente/antragsbroschuere-cdupt15_0.pdf?file=1, S. 150ff.

6 Heribert Prantl: »Warum de Maizières Leitkultur-Katalog gesellschaftsschädlich ist«, in: Süddeutsche Zeitung vom 1. Mai 2017, auf: www.sueddeutsche.de/politik/innenpolitik-de-maizires-leitkultur-katalog-ist-unnoetig-und-irrefuehrend-1.3485214.

7 Ders.: »Anatomie eines Amtes«, in: Süddeutsche Zeitung vom 10. Februar 2017, auf: www.sueddeutsche.de/politik/bundespraesidenten-wahl-anatomie-eines-amtes-1.3372944.

8 Andreas Urs Sommer: *Werte. Warum man sie braucht, obwohl es sie nicht gibt,* Stuttgart 2016, S. 134. – Ders.: »Werte sind verhandelbar«, in: Neue Zürcher Zeitung vom 14. März 2016, auf: www.nzz.ch/feuilleton/wertedebatte-werte-sind-verhandelbar-ld.7385.

9 Unternehmensgründer Jakob Berndt im Interview auf: werteundwandel.de/inhalte/lemonaid-ein-saftladen-aber-ganz-anders.

10 Richard Rorty: *Wahrheit und Fortschritt*, Frankfurt am Main 2003, S. 23.

11 Carolin Emcke: »›Anfangen‹ – Dankesrede anlässlich der Verleihung des Friedenspreises 2016«, auf: www.friedenspreis-des-deutschen-buchhandels.de/1244997.

12 Dies.: »Anfangen«, in: Süddeutsche Zeitung vom 2. Januar 2016, auf: www.sueddeutsche.de/politik/kolumne-anfangen-1.2802548.

13 trailhead.salesforce.com/de/manage_the_sfdc_way_ohana/msfw_ohana_liv_vals.

14 Friedrich Nietzsche: *Jenseits von Gut und Böse*, Leipzig 1886, S. 232 (§ 260).

15 Ebd., S. 236 (§ 261).

16 Ders.: *Also sprach Zarathustra I* (1883), Leipzig 1895, S. 86 (Von tausend und einem Ziele).

17 Ders., a. a. O. (Anm. 14), S. 232 (§ 260).

18 Andreas Reckwitz: *Die Erfindung der Kreativität. Zum Prozess gesellschaftlicher Ästhetisierung*, Berlin 2012, S. 15.

19 Vgl. www.wertstolz.de.

20 Ferry Kienberger: *Der Tod und seine Spuren im Leben. Aktuelle Erkenntnisse und Einblicke über das Jenseits*, Norderstedt 2009, S. 164.

21 Martin Bohus et al.: *Lebe Balance. Das Programm für innere Stärke und Achtsamkeit*, Stuttgart 2013, S. 51.

22 Hans Joas: *Die Entstehung der Werte*, Frankfurt am Main 1997, S. 268.

23 Christof Breitsameter: *Individualisierte Perfektion. Vom Wert der Werte*, Paderborn 2009, S. 10.

24 Vgl. zu diesem Topos: Detlef Horster: *Jürgen Habermas und der Papst. Glauben und Vernunft, Gerechtigkeit und Nächstenliebe im säkularen Staat*, Bielefeld 2006, S. 13–32.

25 »Philipp Christov tauscht für einen guten Zweck«, in: Ma Vie, Januar/Februar 2016, S. 14.

26 Vgl. z. B. Johann Baptist Müller: *Werteverfassung und Werteverfall*, Berlin 2000.

27 Niklas Luhmann: *Die Gesellschaft der Gesellschaft*, Frankfurt am Main 1997, S. 799.

28 Ebd., S. 342.

29 Vgl. Immanuel Kant: *Kritik der praktischen Vernunft* (1788), Stuttgart 1961, S. 132 (A 144).

30 Vgl. Max Scheler: *Der Formalismus in der Ethik und die materiale Wertethik. Neuer Versuch der Grundlegung eines ethischen Personalismus*, Halle 1916, S. 334.

31 www.startnext.com/karma-chakhs.

32 ethletic.com.

33 Vgl. www.youtube.com/channel/UC_UOk7Xv2B9D9mJc-cH0_o4w.

34 barderkorrekten.org.

35 tracks.arte.tv / de / riot-gear.

36 Lars Wienand: »Künstler erfindet die Luft-Waffe gegen Neonazi-Aufmärsche«, in: Berliner Morgenpost vom 4. Mai 2016, auf: www.morgenpost.de / politik / article207532179 / Kuenstler-erfindet-die-Luft-Waffe-gegen-Neonazi-Aufmaersche.html.

37 Bertolt Brecht: *Die Dreigroschenoper* (1928), hg. v. J. Lucchesi, Frankfurt am Main 2004, S. 67.

38 Vgl. z.B. Christian von Ehrenfels: *System der Werttheorie*, 2 Bände, Leipzig 1897 f.

39 Karen Duve: *Anständig essen. Ein Selbstversuch*, Köln 2011, S. 7.

40 www.youtube.com / watch?v=9UP0iyKM1yk.

41 Ebd.

42 Peter Sloterdijk: *Sphären III. Schäume*, Frankfurt am Main 2004, S. 681.

43 Robert Pfaller: *Das schmutzige Heilige und die reine Vernunft. Symptome der Gegenwartskultur*, Frankfurt am Main 2008, S. 16. – Vgl. ebd., S. 126.

44 Ebd., S. 14.

45 Ebd., S. 109.

46 Ebd., S. 17, 19, 24 f.

47 Ebd., S. 28.

48 Vgl. www.achgut.com.

49 Hier und im Folgenden: Rudolf Brandner: »Kritik der Willkommenskultur. Ein Plädoyer für politische Vernunft«, in: Tumult. Vierteljahresschrift für Konsensstörung 4 / 2016, S. 46 – 50, hier S. 46.

50 Pfaller, a. a. O. (Anm. 43), S. 25.

51 Brandner, a. a. O. (Anm. 49), S. 46.

52 mp3-pesnja.com / song / komplott+kaputt.

53 Vgl. Wolfgang Ullrich: *Alles nur Konsum. Kritik der warenästhetischen Erziehung*, Berlin 2013, S. 129, 147 f.

54 Vgl. Robert H. Lutz: *Wer war der gemeine Mann? Der dritte Stand in der Krise des Spätmittelalters*, München 1979.

55 Martin Luther: »Ein Sermon von Ablass und Gnade« (1518), in: Ders.: *Deutsch-deutsche Studienausgabe*, hg. v. Johannes Schilling, Band 1 *(Glaube und Leben)*, hg. v. Dietrich Korsch, Leipzig 2012, S. 1 – 13, hier S. 9.

56 Max Weber: *Die protestantische Ethik und der Geist des Kapitalismus* (1905), in: Ders.: *Die protestantische Ethik I. Eine Aufsatzsammlung*, hg. v. Johannes Winckelmann, Gütersloh 1991, S. 27 – 277, hier S. 134.

57 Norbert Bolz: *Zurück zu Luther*, Paderborn 2016, S. 57.

58 Georg Kasch: »Wir sind mitschuldig« (2016), auf: nachtkritik.de/index.php?option=com_content&view=article&id=13202:blog-nach-dem-wahlsieg-donald-trumps-erinnert-georg-kasch-seine-generation-an-ihre-verantwortung.

59 Ulf Poschardt: »Die deutschen Eliten brauchten diesen Trump-Schock«, in: Die Welt vom 10. November 2016, auf: www.welt.de/debatte/kommentare/article159391987/Die-deutschen-Eliten-brauchten-diesen-Trump-Schock.html.

60 www.welt.de/debatte/kommentare/article159391987/Die-deutschen-Eliten-brauchten-diesen-Trump-Schock.html#-Comments.

61 Elisabeth Raether: »Was macht die Autoritären so stark? Unsere Arroganz«, in: Die Zeit 33/2016, auf: www.zeit.de/2016/33/demokratie-klassenduenkel-rassismus-populismus/komplettansicht.

62 Bernd Stegemann: »Der gute Mensch und seine Lügen«, in: Die Zeit 9/2017, auf: www.zeit.de/2017/09/populismus-eliten-gutmensch-luegen/komplettansicht.

63 Kollegah: »Kool & The Gang« (2015), auf: genius.com/Kollegah-kool-and-the-gang-lyrics.

64 Ders.: »Intro (Zuhältertape Volume 4)« (2015), auf: genius.com/Kollegah-intro-zuhaltertape-volume-4-lyrics.

65 PA Sports: »Meine Werte« (2015), auf: genius.com/Pa-sports-meine-werte-lyrics.

66 Ders.: »Eiskalter Engel« (2015), auf: genius.com/Pa-sports-eiskalter-engel-lyrics.

67 Ders.: »Intro – Eiskalter Engel« (2015), auf: genius.com/Pa-sports-intro-eiskalter-engel-lyrics.

68 Ders.: »Karma is' ne Bitch« (2015), auf: genius.com/Pa-sports-karma-is-ne-bitch-lyrics.

69 Ders.: »W. Z. L. L. A. B.« (2014), auf: genius.com/Pa-sports-wzllab-lyrics.

70 Scheler, a. a. O. (Anm. 30), S. 268.

71 Ebd., S. 13, 30.

72 Ebd., S. 268 f.

73 Ebd., S. 111, 113 f.

74 Ebd., S. 116.

75 Ebd., S. 26, 29.

76 Ebd., S. 30.

77 Ebd., S. 508.

78 Ebd.

79 Ders.: »Vorbilder und Führer« (1911–1921), in: Ders.: *Schriften aus dem Nachlass.* Band I: *Zur Ethik und Erkenntnislehre*, hg. v. Maria Scheler, Bern 1957, S. 255–345, hier S. 308.

80 Ebd., S. 321.

81 Vgl. Bertram Schmidt: »›Die unablässige Verfolgung des einzigen Zieles‹. Cézannes ›Realisierung‹«, in: Neue Zürcher Zeitung vom 28./29. April 2001.

82 Alois Riegl: »Naturwerk und Kunstwerk I« (1901), in: Ders.: *Gesammelte Aufsätze*, Berlin 1995, S. 51–64, hier S. 60.

83 Ders.: *Die spätrömische Kunstindustrie nach den Funden in Österreich-Ungarn im Zusammenhange mit der Gesammtentwicklung der bildenden Künste bei den Mittelmeervölkern*, Wien 1901, S. 5.

84 Ebd., S. 215.

85 Scheler, a. a. O. (Anm. 30), S. 314.

86 Herwarth Walden (Hg.): *Einblick in Kunst. Expressionismus, Futurismus, Kubismus*, Berlin 1924, S. 36.

87 Scheler, a. a. O. (Anm. 30), S. 282.

88 Wilhelm Worringer: *Formprobleme der Gotik*, München 1912, S. 5.

89 Ebd., S. 10.

90 Ebd., S. 5.

91 Scheler, a. a. O. (Anm. 30), S. 56.

92 Hermann Bahr: *Expressionismus*, München 1916, S. 62.

93 Vgl. Wolfgang Ullrich: *Der kreative Mensch. Streit um eine Idee*, Salzburg 2016, S. 7–14.

94 Worringer, a. a. O. (Anm. 88), S. 8.

95 Scheler, a. a. O. (Anm. 79), S. 267.

96 Joas, a. a. O. (Anm. 22), S. 154.

97 Scheler, a. a. O. (Anm. 30), S. 259.

98 Pegida-Kundgebung vom 20. Februar 2017, auf: www.youtube.com/watch?v=k_gCsEp0s8A, zitierte Stellen bei Minute 14:30 und 28:50.

99 Manaf Halbouni am 7. Februar 2017, auf: www.mdr.de/sachsen/dresden/streit-um-kunstwerk-monument-in-dresden-100.html.

100 Vgl. Wolfgang Ullrich: *Siegerkunst. Neuer Adel, teure Lust*, Berlin 2016.

101 Vgl. z. B. www.instagram.com/leonardodicaprio.

102 Christine Lemke-Matwey: »Am Puls der Zeit«, in: Die Zeit 15/2017, auf: www.zeit.de/2017/15/demonstrieren-europa-klassische-musiker-kunst.

103 Nicolai Hartmann: *Ethik* (1925), Göttingen 1949, S. 9.

104 Ebd., S. 13.

105 Ebd., S. 14.

106 Ebd., S. 18.

107 Ebd., S. 16f.

108 Rainer Maria Rilke: *Briefe*, Bd. 3, Frankfurt am Main 1987, S. 898f.

109 Sommer, a.a.O. (Anm. 8), S. 52, 59.

110 Friedrich Schiller: »Über Anmut und Würde« (1793), in: Ders.: *Nationalausgabe*, Bd. 20, hrsg. v. Benno von Wiese, Weimar 1962, S. 252–308, hier S. 288, 278, 281, 288, 302.

111 Ebd., S. 287.

112 Scheler, a.a.O. (Anm. 79), S. 264.

113 Pfaller, a.a.O. (Anm. 43), S. 15.

114 Vgl. Annekathrin Kohout: »Der Fitness-Kult auf Instagram und seine Bilder« (2016), auf: sofrischsogut.com/2016/07/25/der-fitness-kult-auf-instagram-und-seine-bilder.

115 Karl Philipp Moritz: »Über die Allegorie« (1789), in: Ders.: *Werke in zwei Bänden*, Band 1, Berlin/Weimar 1973, S. 301–304.

116 Vgl. Johann Wolfgang von Goethe: *Maximen und Reflexionen* (1825), Nr. 279.

117 Friedrich Theodor Vischer: »Der Triumph der Religion in den Künsten«, in: Deutsche Jahrbücher für Wissenschaft und Kunst 1/1841, S. 108–125, hier S. 113f.

118 »Jede Epoche hat ihre eigene Sprache« – Sir Norman Foster im Gespräch mit Max Tholl, 16. Dezember 2014, auf: www.theeuropean.de/norman-foster--2/9357-norman-foster-ueber-den-wert-der-architektur.

119 Gottfried Semper: »Ueber den Bau evangelischer Kirchen« (1845), in: Ders.: *Kleine Schriften*, Berlin 1884, S. 443–467, hier S. 452f.

120 Vittorio Magnago Lampugnani: »Die Neue Einfachheit. Mutmaßungen über die Architektur der Jahrtausendwende«, in: Gert Kähler (Hg.): *Einfach schwierig. Eine deutsche Architekturdebatte. Ausgewählte Beiträge 1993–1995*, Braunschweig/Wiesbaden 1995, S. 20–27, hier S. 20.

121 Hermann Muthesius: »Wo stehen wir?« (1911), in: *Die Durchgeistigung der deutschen Arbeit. Jahrbuch des Deutschen Werkbunds 1912*, Jena 1912, S. 11–26, hier S. 14.

122 Norman Foster: »Architecture and Sustainability« (2003), auf: www.fosterandpartners.com/media/546486/essay13.pdf, S. 2.

123 www.stadtfragen.ch/2010/05/«gute-architektur-ist-nicht-teurer-als-schlechte-».

124 www.montag-stiftungen.de / fileadmin / Redaktion / Urbane_Raeume / PDF / Veroeffentlichungen / MUR_BAN_06.pdf.

125 www.aknds.de / 1077.html.

126 Heike Delitz: *Gebaute Gesellschaft. Architektur als Medium des Sozialen*, Frankfurt am Main / New York 2010, S. 13.

127 Amelie Deuflhard / Sophie Krempl-Klieeisen (Hgg.): *Volkspalast. Zwischen Aktivismus und Kunst*, Berlin 2006, S. 176f.

128 Rem Koolhaas: »…departures generally [are] located in a ›grandiose space‹ on top (mostly under a billowing roof) and arrivals [are] located in a flat utilitarian luggage-collect-space below, making the first acquaintance with a new destination often one of disappointment«, auf: oma.eu / projects / jeddah-international-airport.

129 Norman Foster: »The airport of the future« (2007), auf: www.fosterandpartners.com / media / 546549 / essay10.pdf, S. 1.

130 Vgl. z. B. Eberhard Straub: *Zur Tyrannei der Werte*, Stuttgart 2010.

131 Carl Schmitt: *Die Tyrannei der Werte* (1960), Berlin 2011, S. 36.

132 Vgl. Scheler, a. a. O. (Anm. 30), S. 45 ff.

133 Schmitt, a. a. O. (Anm. 131), S. 28.

134 Ebd., S. 43.

135 Ebd., S. 41.

136 Ebd., S. 54.

137 Adele Robinson: »Backlash Over Breastfeeding Selfie Trend« (2015), auf: news.sky.com / story / backlash-over-breastfeeding-selfie-trend-10357937.

138 Vgl. z. B. www.kiddycharts.com / health / breast-thrush-a-personal-story.

139 Vgl. Anna Fischhaber: »Brust gegen Flasche«, 28. Mai 2015, auf: www.sueddeutsche.de / leben / debatte-ums-stillen-brust-gegen-flasche-1.2497386.

140 www.instagram.com / p / hvz4wzntH_ /.

141 Laura Ewert: »Instagram macht uns alle zu Psychopathen«, 17. März 2015, auf: www.welt.de / kultur / medien / article138471077 / Instagram-macht-uns-alle-zu-Psychopathen.html.

142 Vgl. Thomas Hecken: »Der Konsum der Reichen. Ein Essay zur gegenwärtigen Lage«, in: Eva M. Gajek / Christoph Lorke (Hgg.): *Soziale Ungleichheit im Visier. Wahrnehmung und Deutung von Armut und Reichtum seit 1945*, Frankfurt am Main 2016, S. 311–328 bzw. auf: www.pop-zeitschrift.de / 2016 / 06 / 22 / der-konsum-der-reichenvon-thomas-hecken23-6-2016 /.

143 www.tilllate.com / de / mobile / story / simple / instagram-about-the-real-struggle / simple / ?back=home#1.

144 Platon: *Politeia*, 603a–605c.

145 Scheler, a. a. O. (Anm. 30), S. 29.

146 Martin Heidegger: »Die Zeit des Weltbildes« (1938), in: Ders.: *Holzwege*, Frankfurt am Main 1980, S. 73–110, hier S. 87.

147 Ebd., S. 99.

148 Ders.: *Heraklit* (1943), Gesamtausgabe, Bd. 55, 2. Aufl. Frankfurt am Main 1987, S. 137 f.

149 Ders., a. a. O. (Anm. 146), S. 99.

150 Ebd., S. 99 f.

151 Ders.: »Über den ›Humanismus‹« (1947), in: Ders.: *Platons Lehre von der Wahrheit*, Bern 1975, S. 53–119, hier S. 99 f.

152 Ders., a. a. O. (Anm. 146), S. 100.

153 Vgl. Andreas Bodenstein von Karlstadt: *Von abtuhung der Bylder*, Wittenberg 1522, S. 5.

154 Vgl. Wolfgang Ullrich: »Kunst als Glaubenssache«, in: Ders.: *An die Kunst glauben*, Berlin 2011, S. 46–65.

155 Odo Marquard: »Aesthetica und Anaesthetica. Auch als Einleitung«, in: Ders.: *Aesthetica und Anaesthetica*, Paderborn 1989, S. 11–20, hier S. 14 f.

156 www.politicalbeauty.de/Hinweise.html.

157 »›Die Politik ist auf Abschottung konzentriert‹. Philipp Ruch im Gespräch mit Ulf Poschardt«, 19. Februar 2016, auf: www.welt.de/kultur/article152433895/Die-Politik-ist-auf-Abschottung-konzentriert.html.

158 www.politicalbeauty.de/Hinweise.html.

159 Philipp Ruch: *Wenn nicht wir, wer dann? Ein politisches Manifest*, München 2015, S. 39.

160 Ebd., S. 45.

161 Ebd., S. 116.

162 Ebd., S. 193.

163 Ebd., S. 104 f.

164 www.politicalbeauty.de.

165 www.politicalbeauty.de/Hinweise.html.

166 Vgl. unknownrefugees.tumblr.com.

167 www.politicalbeauty.de/Komplizenschaft.html.

168 Eberhard Spreng: »Zynischer Protest gegen die Asylpolitik«, Deutschlandfunk vom 17. Juni 2016, auf: www.deutschlandfunk.de/aktion-fluechtlinge-fressen-zynischer-protest-gegen-die.691.de.html?dram:article_id=357549.

169 www.indiegogo.com/projects/die-brucke-retten-wir-europas-humanitat#.

170 www.indiegogo.com/projects/die-spiegel-barrikade--2#.

171 Immanuel Kant: *Kritik der Urteilskraft* (1790), Stuttgart 1986, B 16.

172 »Die Chefredakteure waschen sich in Unschuld« – Philipp Ruch im Gespräch mit Arik Platzek und Thomas Hummitzsch, 1. Dezember 2013, auf: www.diesseits.de/menschen/interview/1385852400/chefredakteure-waschen-sich-unschuld.

173 »Wir kommen aus der Apokalypse«, in: Der Spiegel 48/2015, auf: www.spiegel.de/spiegel/print/d-139881899.html.

174 Ruch, a.a.O. (Anm. 159), S. 73.

175 Max Scheler: »Zur Rehabilitierung der Tugend« (1912), in: Ders.: *Abhandlungen und Aufsätze*, Leipzig 1915, S. 1–38, hier S. 12f., 15, 17.

176 Ebd., S. 18.

177 Aurel Kolnai: »Der Hochmut« (1931), in: Ders.: *Ekel, Hochmut, Hass*, Frankfurt am Main 2007, S. 66–99, hier S. 68.

178 www.politicalbeauty.de/Hinweise.html.

179 twitter.com/sophiehunger/status/671607154927890432.

180 Auch Robert Pfaller weist auf die enge Verbindung von Hochmut und Narzissmus hin: a.a.O. (Anm. 43), S. 152.

181 Kia Vahland: »Ärgernis des Jahres« (2016), auf: www.art-magazin.de/szene/18146-rtkl-kritikerumfrage-zum-kunstjahr-2016-teil-2-aergernis-des-jahres.

182 Boris Palmer: »Die Nazis, die Flüchtlinge und ich«, in: Frankfurter Allgemeine Zeitung vom 24. November 2016, auf: www.faz.net/aktuell/politik/fluechtlingskrise/boris-palmer-im-gastbeitrag-erfahrungen-in-der-fluechtlingskrise-14541360.html?printPagedArticle=true.

183 Chantal Mouffe: *Über das Politische. Wider die kosmopolitische Illusion*, Frankfurt am Main 2007, S. 97ff.

184 Sommer, a.a.O. (Anm. 8), S. 89.

185 Martin Sellner/Walter Spatz: *Gelassen in den Widerstand. Ein Gespräch über Heidegger*, Schnellroda 2015, S. 24.

186 linksunten.indymedia.org/de/system/files/data/2017/02/6892889105.pdf, S. 51. – Mehr zu diesem Strategiepapier bei: Michael Klarmann: »Von der elitären Speerspitze der rechten Bewegung«, Telepolis vom 1. März 2017, auf: www.heise.de/tp/features/Von-der-elitaeren-Speerspitze-der-rechten-Bewegung-3640914.html. – Für diesen Hinweis danke ich Margit Rosen.

187 Sellner / Spatz, a.a.O. (Anm. 185), S. 96.

188 Vgl. Strategiepapier der Identitären Bewegung, a.a.O. (Anm. 186), S. 51.

189 Niklas Luhmann: »Politik, Demokratie, Moral« (1997), in: Ders.: *Die Moral der Gesellschaft*, Frankfurt am Main 2008, S. 175–195, hier S. 183.

190 Friedrich von Borries: *Weltentwerfen. Eine politische Designtheorie*, Berlin 2016, S. 30.

191 Vischer, a. a. O. (Anm. 117), S. 114.

Letzter Abruf aller Internetquellen am 23. Juli 2017.

Bildnachweis

Alle Abbildungen sind Screenshots von der Plattform *Instagram* – die zugrundeliegenden Bilder sind zu finden unter:

S. 13: www.instagram.com/p/BKEDMutDe8L/
S. 14: www.instagram.com/p/BGfRYu7hY9D/
S. 16: www.instagram.com/p/BTi9j1kgdKJ/
S. 37: www.instagram.com/p/BUCJisPBVJn/
S. 39: www.instagram.com/p/BGAM_zQt4u5/
S. 40: www.instagram.com/p/BBsgm0KkVV0/
S. 51: www.instagram.com/p/BUlmi63DvwE/
S. 53: www.instagram.com/p/BTDs70nhB80/
S. 59: www.instagram.com/p/BSOwEMUg6XL/
S. 89: www.instagram.com/p/BQMEy4GFoww/
S. 91: www.instagram.com/p/BUb6wMYFGuW/
S. 99: www.instagram.com/p/BTo7ieggPW5/
S. 99: www.instagram.com/p/BR-lB67jMnz/
S. 101: www.instagram.com/p/BUWzGOdFO9H/
S. 104: www.instagram.com/p/BTiMdsvgvof/
S. 105: www.instagram.com/p/BTxUczoBtmj/
S. 107: www.instagram.com/p/BU1lp5Bgtqp/
S. 108: www.instagram.com/p/BP7AC7aA325/
S. 109: www.instagram.com/p/BSv9qvaAqfJ/
S. 109: www.instagram.com/p/BOMh-JNDwK6/
S. 111: www.instagram.com/p/BSvvnLMBo2f/
S. 112: www.instagram.com/p/BUQQ0yTllmB/
S. 119: www.instagram.com/p/BTYuVlbAbXg/
S. 125: www.instagram.com/p/hvz4wzntH_/
S. 137: www.instagram.com/p/BEdNQO3w5Hh/
S. 140: www.instagram.com/p/4MgTTKJHDQ/
S. 151: www.instagram.com/p/BUZCVp-Bukd/
S. 152: www.instagram.com/p/BOhsQh8gkMC/
S. 155: www.instagram.com/p/BPhzjQhj9kF/
S. 156: www.instagram.com/p/BL46vRGgDXM/

Wolfgang Ullrich bei Wagenbach

Wolfgang Ullrich bei Wagenbach

Raffinierte Kunst *Übung vor Reproduktionen*

Nachdem Wolfgang Ullrich in mehreren Büchern die Entleerung des Kunstbegriffs kritisch betrachtet hat, ist er diesmal voll des Lobes: Er würdigt die Reproduktion, die häufig eine Weiterentwicklung und Vollendung des Originals ermöglicht.

KKB. Gebunden mit aufgeklebtem Schildchen
Mit zahlreichen, teilweise farbigen Abbildungen. 160 Seiten

Tiefer hängen *Über den Umgang mit der Kunst*

Noch heute ist unser Kunstbegriff höfisch geprägt; indem Ullrich seinen unorthodoxen Blick auf den Kunstbetrieb wirft, gelingt es ihm, wie in seinem Buch »Mit dem Rücken zur Kunst«, unsere gängigen Vorstellungen gehörig zu unterwandern.

WAT 479. Originalausgabe. 192 Seiten

Gesucht: Kunst! *Das Phantombild eines Jokers*

Moderne Kunst findet großen Zuspruch. Doch was steckt hinter der Begeisterung ihrer Betrachter und Käufer, was löst sie aus? Unerschrocken beharrt Wolfgang Ullrich auf dieser Frage.

WAT 577. Mit Abbildungen. 304 Seiten

Des Geistes Gegenwart *Eine Wissenschaftspoetik*

Während sich Wolfgang Ullrich zuletzt vor allem kritisch mit zeitgenössischer Kunst und ihrer Vermarktung auseinandergesetzt hat, denkt er nun über die Rolle der Geisteswissenschaften nach und stellt liebgewordene Überzeugungen auf den Prüfstand – wie immer ideenreich, provozierend, streitlustig.

WAT 729. Mit Abbildungen. 160 Seiten

Wenn Sie mehr über den Verlag und seine Bücher wissen möchten, schreiben Sie uns eine Postkarte oder elektronische Nachricht (mit Anschrift und E-Mail). Wir informieren Sie dann regelmäßig über unser Programm und unsere Veranstaltungen.

Verlag Klaus Wagenbach Emser Straße 40/41 10719 Berlin
www.wagenbach.de vertrieb@wagenbach.de

Emser Straße 40/41, 10719 Berlin
www.wagenbach.de
Umschlaggestaltung Julie August unter Verwendung einer Fotografie *Paris*, 8. 12. 2015 Test of Barricade in Montreuil © Artúr van Balen/Tools for Action. Gesetzt aus der Dante und der News Gothic. Gedruckt auf chlor- und säurefreiem Papier bei Pustet, Regensburg.
Printed in Germany.

ISBN: 978 3 8031 3668 8